叱り方・ほめ方 がわかる！

「男の子」かけ

～畑 恭弘

SOGO HOREI PUBLISHING CO., LTD

　この度『あ〜、また言っちゃったがなくなる　男の子ママの言葉かけ便利帳』の新版が出ることになりました。とてもうれしいです。

　子育てがなかなかに難しい時代と社会になってきました。いろいろな情報が溢れ、価値観の多様化の中で正しいものや間違っていることがわかりにくくなってきています。

　しかし、親が子どもを育てるという営みは人が脈々と続けてきた生物としての当たり前のことです。人には本来子どもを育てるという力が備わっています。社会の変化の中でその本来の力が見えにくくなってはいますが、きっと大丈夫です。思い切って男の子を育てていきましょう。

　この本は男の子を持っているお母さんに、ぜひ手に取ってもらいたくて書きました。「男の子とどう関わったらよいのかわかりません」「どのように言葉をかけたらよいかとても悩みます」などの質問に対して、私なりの考えや答えを用意してみました。そして今回の新版では、以前になかった生活それぞれの場面のシチュエーションに合わせて、新しい言葉かけを考えてみました。より具体的で実践的な言葉の使い方が、少しでも皆さんのお役に立てば幸いです。

小崎恭弘

はじめに

　男の子を育てるのはとっても楽しいです！

　僕は男の子3人の父親をしております。保育士としても働き、多くの元気な男の子を育ててきました。学生時代から長きにわたり、青少年活動（いわゆる「キャンプのお兄さん」）もしており、こちらでも多くのやんちゃな男の子と過ごしてきました。

　そして今は、先生を目指す学生を育てることを仕事としています。ここでもまた多くの青年期の男の子と接しています。もちろん、女の子とも接してきましたが、なぜだか気がつくと、常に男の子に周りを囲まれ、過ごしてきました。

　保育士時代などは「なぁなぁーこざき、いっしょにあそぼうやー」と男の子たちから呼び捨てにされていました。呼び名は関係性を表します。男の子たちは僕と同等に、いや僕以上に強くなろうとしていたように思います。そんなとってもかわいく、たくましい男の子との生活は、とてもハードでしたが楽しいものでした。

　その理由のひとつは自分が男性であり、男として育ってきた中で「男の子」の気持ちがよくわかっていたからです。男の子の思考や考え方、戦略や価値観に共感でき、またそれに基づく行動に自分も覚えがあるのです。「あー、おんなじことをしていたなぁー」という感覚です。これは当然ですが、

お母さんにはないものですね。

　多くのお母さんと子育てのお話をする機会があります。そのときに「男の子がわからない」と嘆かれます。やはり性別の違いは大きいものがあります。しかし、だからこそ男の子を育てることは、楽しいのです。自分とは違う価値観や行動は、新しいものとの出会いであり、ワクワクドキドキのスタートです。ぜひ男の子の子育てを楽しんでほしいと思います。

　しかし、男の子のことがわからないまま接しているお母さんを見ていると「あー、もったいないなぁー！」「おしぃーけど、残念！」と思うことがしばしばあります。
　それは直接的な関わり方と言葉かけです。
　男の子はいけないこと、ダメなことをたくさんします。それが男の子なんです。その度にお母さんは男の子に対して、「直接的」に関わり、また言葉をかけています。しかしその言葉の使い方が、多くの場合、間違っています。その言い方では男の子に伝わりません。かける言葉が少し異なるだけで、男の子の心に届かなくなり、余計に反発されたり、やる気をなくしたりしてしまいます。
　言葉には、その人の価値観が表れます。息子のことが大好きで大切に想っているのに、言葉の使い方でその想いがうまく伝わらないのは、とても残念だと思いませんか。
　この本では、男の子を持つお母さんのために、息子に向け

た言葉かけに使える、たくさんのフレーズを集めました。それぞれのフレーズの言い換えや、その意味、込めた想いを、男の子の特性に沿ってうまく伝えられるように考えて書きました。

　その根底には、男の子の理解の手助け、そして「男の子とお母さんの関係を良くしたい」という想いがあります。

　本書は全7章で構成されています。第1章では、男の子の特徴を解説しています。第2章からは、具体的な言葉かけのフレーズを紹介します。各章の冒頭で、言葉かけを考えるときに身につけたい考え方を解説し、中盤で言葉かけのポイント、章末ですぐに使えるフレーズを紹介しています。

　本書では、日常のさまざまな場面で使える言葉を取り上げています。ついつい使ってしまうフレーズを少し意識して変えることで、より楽しい子育てにつながればと思います。

　お母さん、頑張ってくださいねー。

Contents

Contents

楽しく好奇心を伸ばす
「遊びフレーズ」

Contents

ブックデザイン・イラスト／木村 勉
DTP ／横内俊彦
校正／矢島規男

第 1 章

もう悩まない！
男の子って
こんな生き物です

男の子の子育ては
「うまくいかなくて当たり前」

「この子は私のお腹を痛めて産んだ子だから」
「母と息子の絆はとても深いもの」

　お母さんは、息子のことが大好きです。そして息子も、もちろんお母さんのことが大好きです。ここに相思相愛のカップルが生まれました。めでたしめでたし……なんですが、ここにはとっても大きな落とし穴があります。普通のカップルであれば「一生を相手に捧げます！」でよいのですが、残念ながら、親子はそうはいきません。
　お母さんと息子には、必ず別れがくるのです。いやこなくてはいけません。
　息子のことがかわいいからこそ、その別れのタイミングでなんとかひとりでしっかりとやっていけるように育ててあげることが必要なのです。

「かわいいから、ずーっと一緒にいてほしい！」
　これは息子ではなく、ペットかアイドルに対しての感情です。ちょっと厳しいようですが、息子にはダメです。
　もちろんその別れが、いつ訪れるかはわかりません。最近

は子離れ・親離れが遅くなり、「パラサイト」と言われるように実家にずーっと住み続けている若者も少なくありません。

　もしかすると、お母さんはどこかでそのことを喜んでいるかもしれませんが、それってやっぱりおかしなことです。**親の最大の役割は子どもを自立させ、社会でやっていけるやり方を教え、能力をつけてあげることです。**多くの場合、親は子どもより先に亡くなるのです。そのときに子どもが困らないようにしてあげることが、親の一番の役割と責任です。

　これまでこのようなことは当たり前であったと思います。しかし、近年この当たり前が難しくなっています。

　80代の母親の息子は54歳で、30年間自宅に引きこもっています。父親は3年前に他界しましたが、息子は葬儀にも参列しませんでした。父親が生きているときは、どうにかなると思っていた母親ですが、父親が亡くなってからは「この子を残して死ぬこともできない」と悩み、苦しんでいます。

　こんな話はもはや特別なことではなくなってきています。2016年の内閣府の調査によると、広い意味での引きこもりの人は推定54万人と言われています。引きこもりの多くは男性の問題であるとされています。それだけ男性は社会で生きるハードルが高く、乗り越えていくことが難しいのだと思います。

　だからうまく男の子を育てていってほしいと思います。この「うまく」には次の2つの意味があります。

①息子が社会で"うまく"生きていける人になってほしい
②お母さんが息子と"うまく"関わってほしい

　息子自身もそうですし、お母さんにもうまく関わってあげてほしいです。お母さんが息子とうまく関わっていくことで、息子はうまく育っていけると思います。
　もちろん必ず、息子がうまく育つわけではありません。時にはうまくいかないことや困ったこと、悩むこともあると思います。しかし、そんないろいろな想いも、息子を育てるエッセンスになると思います。

　「きっとうまく育つ」「絶対にいい子になる」
　こんなことは誰にもわかりません。
　それより「うまくいかなくて当たり前」「最初から完璧にはできない」というように、子育てのハードルを下げていきましょう。その中でうまくいくことや楽しいことが見つかれば、超ラッキーです。お母さんと息子は一番遠い存在です。男と女、大人と子ども、親と子ども。すべて対極の存在です。
　だから、うまくいかなくて当然なんです。それよりうまくいかないから、どうしたらよいかいろいろと考えたり、言葉を使ったりして、少しでも息子を理解できる関わり方をこの本で一緒に見つけていきましょう。

男の子の特徴を知ろう

　お母さんとは正反対の存在である男の子の代表的な特徴を8つ紹介します。もちろん男の子といっても多種多様です。全部当てはまる子もいれば、全部当てはまらない子もいます。

①こだわりが強い

　女の子の興味関心が比較的「広く浅く」なのに対して、男の子は「狭く深く」という感じです。つまり、**ひとつのことを深掘りし、自分の気に入ったものに対して、とことんこだわります。**

　「好きなものは好き、それだけあればほかはなにもいらない」という感覚です。わかりやすい行動としては、

- ◆いつも同じ服を着る
- ◆決まったおもちゃでしか遊ばない
- ◆自分の決めたルールでないと動けない

などがあります。

　こだわりがあることは決して悪いことではないのですが、こだわりが強過ぎるとなかなか対応が難しいですし、本人も

生きづらいはずです。

　しかしいくら周りがそう思っても、本人は決して譲りませんし、妥協しません。「嫌なことは嫌。好きなものは好き」という頑（かたく）なさが男の子にはあります。

　このような性格が男の子の「オタク化」に拍車をかけます。いくつかパターンがありますが、基本は「電車」「車」「昆虫」のどれかを選びます。中には全部大好きという男の子もいますからね。

　図鑑に載っているすべての名前を覚えて、お母さんに「読んで！」とせがんできます。図鑑を読むのはなかなかに辛いですよね。お母さんはもっとかわいい絵本を読みたいのに、息子は決してそれを許しません。仕方がないので「全長404.7メートル、最大スピード320キロ、東京と大阪の間を2時間30分で結びます」と「なにがおもしろいのかな」と思いながら読み続けます。ふと息子を見ると、満面の笑みで聞き入っています。わかりあえない瞬間です。

②言葉での表現が苦手

　保育所ではよく「男の子は口が遅い」と言います。これは初語（子どもが初めて話す言葉）が女児と比べて、男児の方が遅いということです。いろいろな発達のデータを見ても、やはり男児は女児より言葉の出現のタイミングが遅いようです。「おしゃべりな女の子」のイメージはこんなところから

始まっているのですね。

　この言葉の発達の違いは当然、さまざまな場面において影響を与えます。女の子が比較的早くに言葉を獲得し、言葉によるコミュニケーションができるのに対して、男の子は言葉の獲得が遅いので、それに代わるほかの手段でコミュニケーションをとります。それが行動です。言葉ではなく「行動」や「身体的な表現」を活用します。

　たとえば、自分の欲しいものがあったとしましょう。女の子は「ちょうだい」や「かして」と言葉で、相手に自分の想いを伝え、また相手の気持ちに寄り添いながらコミュニケーションをとります。これ、いい感じですよね。

　それでは言葉が苦手な男の子は、欲しいものがある場合どうするのでしょうか。男の子は行動を起こします。相手を倒してその間に欲しいものを手に入れる。まるで野生の動物か、あるいはギャングですね。これ、非常に困ります。お母さんが困りますし、周りの視線が冷たいです。まあ当の本人は、自分の想いがかなったのでご満悦ですが。言葉が苦手なことを行動で補おうとするのです。

③衝動的で危ないことが好き

　前述したように男の子は「行動」が、先に出てしまいます。つまり考えたり、先のことを予想したりすることが下手くそなのです。いろいろなことが突然、唐突に始まるのです。これを「衝動的行動」と言います。

男の子は「考える前に動く」という原則で生きているように思います。「よく考えてー」「どうしてそんなことしたのー」とよく男の子を叱っているお母さんや保育士の先生を見かけますが、それはたぶん無駄だと思います。だって、それが男の子だから。**自分ではどうしても止められないし、脳みそではなく反射で生きているのです。**

　反射で生きていると、とにかく目の前で起きていることに対して、自分になにができるかを試したくなるものです。どこまで高くジャンプできるか、どれぐらい高く足を上げられるか、どこまで痛みに耐えられるか、どこまでおしっこを飛ばせるか……。お母さんからすれば本当にどうでもいいこと、危ないことに全力で挑戦するのです。

　だからケガが多いですね。常にどこかぶつけたり、切り傷、擦り傷を作ったりします。

　「それどうしたの？」と聞くと、大抵「知らない」「わからない」と悲しい答えが返ってきます。まあ大きなケガ以外はあきらめてください。抑えつけると、行いが余計ひどくなっていきますから。「死ななきゃいいかぁ～」ぐらいでよいと思います。

④自分が一番

　男の子の大きなメンタリティーは「僕が一番」「王様は自分」「俺ってかっこいい」というものです。多くのお母さんは「あー、それうちの子です」と共感すると思います。

自分の中、あるいは狭い家族の中では、自分の優位性や絶対性を誇示します。小さな裸の王様です。

　気にしていないふりはしますが、**男の子は周りから自分がどう見られているのかをとても気にします**。男性は男性特有の価値観の中で生まれ、育てられます。その価値観とは「序列」です。簡単に言うと「あいつと俺、どちらが上か？」ということです。並び方や位置、ポジション、優位性が大切であり、すべてなんです。

　保育所で一列に並ぶときに、誰が一番かで毎日競争とケンカが始まります。本当に不毛な戦いなのですが、毎日くり返されます。女の子もないことはないのですが、あんなに毎日熾烈なものにはなりません。

　ほぼ全員の男の子が「自分が一番」だと思っています。しかしそんなことはあり得ません。

　勝負の前に彼らは誰ひとりとして、負けを想定していません。タチの悪いギャンブラーです。「自分だけは負けない」という全く根拠のない自信に満ち溢れています。

　しかし、ひとり以外は全員負けます。一番はたったひとりであるから一番なのであって、勝者はひとりだけです。並ぶことにしても、なにかを手に入れることも、おしっこを飛ばすことも、常に勝者はひとりなのです。そこからがまた面倒くさいのです。まず負けを認めません。ルールのことや自分

の体調、相手がずるいことをしたなど、自分が負けていないことの正当性を訴えます。また、負けたことを認められなくて、逆ギレしたり、暴れたり、泣いたりします。本当に男って大変なんです。

⑤ふざける

　男の子はふざけます。というか、ちゃんとできませんし、真剣になることをどうも避ける傾向にあります。**男の子は突然の場面の転換や改まった環境が苦手**なのです。どうしても自分の優位な環境や落ち着く状態にしたいのです。そのために、ふざけてその場の雰囲気が変わることを阻止しているのです。

　お母さんにちょっと考えてほしいのですが、息子がふざけるときってどんなときですか？　ここ一番でふざけてほしくないときに限って、ふざけませんか？　突然変な顔や行動をしたり、飛び出してみたり、ズボンを脱いだり、暴れたり、泣いたりしますよね。「もう少しだけちゃんとして」「今だけは静かにして」というタイミングを見計らってふざけます。一番効果的なタイミングを知っていて、しかも狙っています。と言っても、わざとということではないですよ。

　それらの状況は一番緊張が高まり、男の子自身なにをどうしたらよいか、一番困っている環境ともいえます。だから**ふざけることで、その場の雰囲気を壊し、自分のペースに持ち込みたい**のです。そう思うと息子がふざけることも、少しか

わいく見えてきませんか？　酔っぱらっているお父さんがすぐ上半身裸になるのも、結局は一緒のような気もしますが。それもまあ時には、許してあげてください。

⑥プライドが高い

　男の子はプライドが高いです。それは2つの側面から伺えます。

　ひとつは自分の好きなこと、得意なことをしつこいぐらいやり続けます。ちょっと人より秀でている、おもしろいことが少しできる。これを自分の中に見つけ、そしてそのことでお母さんが笑ったり、喜んでくれたりすると、もう止まりません。

　うちの息子の場合は変なダンスをしたり、縄跳びが飛べたり、僕より上手にゲームができたりすると「見ててねー」「おもしろい？　もう1回してあげようかー」など、エンドレスに続く小ネタ地獄です。これはとてもわかりやすいですね。自信のあることや優位性を保っている自分と、勝ち続けて優秀さを実感できている自分が大好きなんです。「ちっちゃいやつめー」などと、その優越感をぶっ壊すことは言わないようにしてくださいね。

　もうひとつは、自分が自信のないこと、勝てないこと、わからないこと、不安なことには、絶対に手を出しませんし、出そうともしません。負けを素直に認められずにいるのです。

　そのような卑怯者が取る作戦は決まっています。戦いの舞

台に上がらないことです。これなら勝ちもしませんが、負けること、つまり傷つくことだけは絶対に避けられるのです。

　その姿だけを見ると、あまりほめられたものではないのですが、そうでもしないと自分のちっぽけなプライドが守られないのです。少しだけやさしくしてあげてください。もちろん、お父さんにも。

⑦機械・細かいものが好き

　男の子は全員オタクですが、その方向性にも独特のものがあります。これまた女の子と全く異なる方向性です。

　「電車・バス」から始まり、「なんだかごちゃごちゃしたもの」つまり「機械系」にいきます。ロボットやパソコン、ゲームなどに近寄っていきます。

　保育所では遊びや環境を、「男女別」にすることはありません。男の子も女の子も同じように遊べる環境を心がけ、また保育士の対応も昔ならいざ知らず、現在では「男の子らしく」や「女の子の遊び」などと分けることはほとんどありません。保育士の業務の基本となる保育指針などの解説にも、そのような「性別による区別」をしないように明記されているのです。だから保育所の環境は、男女ともにいろいろな遊びができるようになっています。つまり、男の子がままごとをしたり、女の子が電車やバスのおもちゃに触れられたりする環境にあるのです。

　しかし、それでも不思議なことに２歳ぐらいから、遊びの

興味や遊び方にいろいろな男女差が出てきます。本当に不思議です。男の子チームは圧倒的にバス、電車、機械に昆虫です。これらの特徴はやはり、ごちゃごちゃとスマートなフォルムの組み合わせです。機械的な感じと決まった動き方や独特の姿です。簡単に言うと「かっこいい」です。男の子たちはこの「かっこいい」に心奪われていきます。みんなこれに心酔していきます。ここに立派なオタク軍団が誕生しました。

⑧空想好き

息子を見ていると、しばしば「ぼぉー」としていませんか。あるいはなにか空を見つめてニヤニヤしていたり、ブツブツ言っていたりします。あれ、側で見ていると正直気持ち悪いですよね。「うちの子大丈夫か?」と純粋にわが子のいろいろなことや将来に不安を覚える瞬間です。

けれど大丈夫ですよ。多くの男の子たちはそんな感じですから。お母さん、不安にならないで。決してあなたの子だけじゃないから。

結局男の子たちは、**お母さんから見れば、みんななんかおかしい**のです。けれど、ここは要注意ポイントです。

つまり、**男の子がおかしいのではなく、お母さんの生きてきた常識や当たり前が、息子には全く当てはまらないのです。** だからおかしく見えるのですが、彼らからすれば、それは別に当たり前のことであり、なにもおかしいことではないのです。ここに気づいてください。

男の子は心や頭の中に自分中心の世界を持っています。その世界では自分は王様であり、ヒーローであり、正義の味方であり、なんでもできる神様なのです。もちろん、現実ではそんなことはできませんよ。男の子を見ているとよくわかりますが、常になにか見えない敵と戦っているでしょう。「えぃ、やあー、とぅー！」と掛け声とともに、無意味に転げ回ったり、空中にパンチをくり出したりしています。彼らには見えています、なにかが。

　「それはなんですか？」これは野暮な質問です。そんなもの、わかるわけないからです。彼らだけに見えています。

　自分だけの素敵な世界を彼らは持っていますし、しばらく持ち続けています。それはダメなことでもないですし、誰にも迷惑をかけません。見えないけど確実にある、素敵な世界をそぉ〜っと遠くで見守ってあげてください。

男の子はお母さんが大好き！

　男の子の好物は「ちんちん」「うんち」「お母さん」です。

　並びがとてもおかしな感じがしますが、たぶん多くの男の子がそうでしょう。そのあとに「電車」「虫」「なにかのネジ」「セミの抜け殻」が続いて「お父さん」がやっと登場するぐらいでしょう。お父さんは本当に辛いです。お父さんが嫌いというわけではないんです。それより好きなものがたくさんあり、それぞれに関心や興味が強いという感覚です。

　男の子はそういう意味では本当にわかりやすくて、**自分の目の前にあるもの、自分の気に入ったものが好きなんです。**極端に言うと、いくら高価なものや素敵なものでも、自分の目の前にないものや手の届かないものに対してはなんら関心を示しません。見向きもしませんね。

　そのかわり、目の前にあるともうダメです。家に同じものがあっても「これ欲しいー！　買ってー！」とわがままを言います。家に同じものがあっても、目の前のものが欲しいのです。「触っちゃダメよ！」というお母さんの言葉は「どうぞ触ってください」と勝手に脳内変換して、必ず触ります。目の前のものに我慢などできません。

だから「明日買ってあげるから、我慢して」「今度はもっといいことがあるよ」というようなフレーズは、あまり効果的ではありません。目の前にないものは、この世に存在しないもの、という感覚でしょう。

そんなどうしようもない男の子がみんな大好きなのが、お母さんです。お母さん、最強で最高です。お母さんファンクラブ会長で、唯一の会員です。

「お母さん大好き！」「お母さんと結婚する」「ほかの子としゃべっちゃダメ！」こんな感じのフレーズを言われたり、対応をされたりしたこと、何度かあるのではないでしょうか。

「もうこの子は一、そんなこと言っちゃダメよ」とか言いながら、やはりこれは本当にうれしいものですね。子どもにまさに愛されている感が満載ですし、お父さんにも言ってもらったことがないような、歯の浮くようなセリフの数々です。女性としての喜びを実感できる瞬間でしょう。

　いいんですよ、このこと自体はとっても素晴らしいことです。しかし好き過ぎるということは、時として罪なことです。お母さんが好き過ぎて、それ以外を認めなくなり、お父さんや兄弟さえも排除したり、敵視したりすることもあります。わかりやすいのが「赤ちゃん返り」です。下の子どもが生まれるタイミングで今までできていたことができなくなったり、赤ちゃんのように甘えたりすることです。大好きなお母さんを赤ちゃんに取られてしまい、対抗手段のひとつとして自分も**赤ちゃんのように振る舞うことでお母さんの関心を自分に集めようとする行為**です。理由がわかると健気（けなげ）でしょう。

　こんなにもひとりの人に愛される経験、なかなかできません。そんな愛し、愛される経験を子育てで実感してほしいですねー。

集中力も興味・関心も
男の子の"オタク気質"がカギ

　男の子の子育てのポイントは、大きく2つの方向で考えましょう。

　ひとつは、**集中力を伸ばすこと**です。これは、男の子の特性をうまく活用すればよいと思います。つまり、「オタク気質」です。「好きなものはとことん好き」「好きなものさえあればそれでよい」という感じですね。もしかしたら、お父さんもそんな感じかもしれませんが、男性は自分の好きなもの、趣味、気に入ったものに対しては、とことんこだわったり、徹底的に関わったり集めたりします。鉄道マニア、野球の応援団、趣味の徹底など。もちろん、女性でもとことんこだわる人もいますが、やはり男性が中心ですね。「興味の幅が狭くて深い」というイメージです。

　ちなみに僕はウルトラマンマニアで、玄関の棚の上にはウルトラマンのフィギュアが300体ほどあります。当然すべて集めています。「コンプリート（完全制覇）命」です。奥さんは全く理解してくれません。

　とにかく全部欲しいのです。「なぜそんなことをするのか」と冷静に自分を振り返ると、これってたぶん独占欲で、「自

分が絶対に一番」という感覚です。もしひとつでも欠けていると、気持ち悪いのです。

また「全部持っているやつに負けてしまう」という競争意識も働いているように思います。全部持っている人に会うことなんてないのですが、やはりここでも見えない敵と戦っていますね。

だからこの特性をうまくコントロールしてください。まず好きなものやお気に入りのものを見つけたり、それに没頭できたりする環境を作ってください。電車が好きなら、もう止めても無駄なのでとことんいきましょう。そのことに没頭する環境の中で集中力を育てていきます。

まずは形から入りましょう。着るもの、持ち物すべて電車関係で揃えます。もちろん自転車や家の車にも、電車のシールです。どこかに行くときも、電車ごっこですし、止まるときは駅長さんにならないとダメです。お弁当のキャラ弁も新幹線ですし、お散歩は踏切か駅周辺か、あるいは本当に電車に乗るためだけに駅に行きます。観光やショッピングはなしです。ここまでこだわると、そりゃーもう電車に集中しますし、ひとつのことにとことん意識を向けます。だからすごい勢いで電車にのめり込んでいきます。たぶん自分を新幹線の分身ぐらいに思うことでしょう。それでいいんです。

それができれば次です。今度はその集中力を活用して、興

味や関心の幅を広げるのです。難しく感じるかもしれません
が、あくまでそのときの軸は、息子が関心を持っているもの
です。突然なにか別のものや違うものを持ってきても、オタ
ク男子には無意味ですから。

　先ほどの例でいくと「電車」を軸にしながら、興味関心の
幅を広げていきます。たとえば駅名です。駅は電車とセット
ですよね。「○○線の駅の名前を教えて！」と言って一緒に
探しましょう。最初はひらがなかもしれませんが、そのうち
漢字に行き着きます。結構長い駅名や数なんかも覚えるよう
になります。
　そうなったら、次は時刻表へいきましょう。時間の感覚や

計算など、数学的な素養が身につきます。その上で、駅がどの都道府県や市町村にあるかなどを、地図をもとに一緒に探してみたり、そこまでの行き方を考えたりしてみましょう。

そのときに、パソコンを使ったり、地図ソフトを活用したりしましょう。社会科の学びや ICT（情報通信技術）の活用になります。これらの根底にすべて「電車」を位置づけるのです。

男の子たちは自分の好きなものに対しては、貪欲で飽きません。この特性をうまく使い、その中から興味・関心を広げていき、さまざまな能力やスキルを身につけさせていくのです。 このときのポイントは、無理やりなにかをさせるのではなく、自分の好きなことをしていて、気がついたらなにか別のことができるようになっていた、という魔法のような感覚です。

子育てで大切にしたいことを
言葉にしてみる

　息子に一番多くかけている言葉はどんな言葉ですか？　普段の生活や関わりの中から少し考えてみましょう。

　僕には３人の息子がいます。「遼介、舜介、響介」と言います。ちなみに僕自身も男３人兄弟で、父親も男３人兄弟です。小崎家は男しか生まれないようです。

　息子はそれぞれ３歳違いです。上の２人は成人していますが、彼らが幼かった頃を思い出してみて、一番使っていた言葉は「こら！」だったような気がします。なにかあれば「こら！　そっちに行かないの」「こら！　じっとしていて」「こら！　口に入れたらダメ」と四六時中とにかくなにか、止めたり、怒ったりしていたように思います。というか、常になにかいらんことやあかんことをし続けられていたように思います。３人が三様、あるいは一緒になってろくでもないことをしますから、男３兄弟なんて。それらの抑止、静止するときに怒りの言葉として「こら！」という枕詞を使っていたように思います。

　それがほぼ口癖のようになり、言い続けていました。今になって冷静に考えてみるとひどいですね。

なぜなら「こら！」という言葉は、**全否定の言葉であり、決してその言葉のあとに良い言葉やほめる言葉は出てきません**からね。「こら！　ええ子やねー」「こら、ありがとうね！」とかは、文法的にも感覚的にもおかしいですからね。

　これらは僕自身の経験ですが、お母さんは今、息子たちと関わるときにどんな言葉をよく使っていますか。もちろん子どもの性格や人数、環境、お母さんの想いや性格、心の余裕、生活のあり方や差し迫っている状況により、それらは千差万別だと思います。それでも普段使う言葉は、ある程度の傾向や偏りが出てくるでしょう。なぜなら**毎日の生活や関わり方は、基本的にパターン化していく**からです。

　日常生活はまさに字のごとく、「**日々常に同じことのくり返し**」が基本となります。特に子どもとの生活の基本は「寝て食べて出して、遊ぶ」という極めてシンプルなものです。
　その日常のくり返しは、日々の類似性が極めて高く、基本のパターンはだいたい同じになります。反対に日々なにが起きるかわからない生活は、子どもにしても親にしても落ち着かないものになるでしょう。ドラマティックな出来事は映画やドラマの中だけでよいのです。日々なにか大事件が続いたり、周りで人がバタバタ倒れたりするような中では生活なんかできませんから。

　そのように考え、改めて息子にかける言葉を意識してみる

と、なかなか思い出せなかったり、良い言葉を使えていなかったりすることもあります。日々くり返される日常の言動は、無意識の中で行われています。言葉かけや使う単語なども、あまり意識せずに使っているかもしれません。たとえそれがあまり良くない言葉でも。

　だからこそ、ぜひ自分が使いたい言葉や「いいなぁー」と思う言葉を、意識して使っていきましょう。その想いや感性を大切にして、積極的に声に出して子どもにそして周りに伝えていきましょう。

　僕はそんなことを意識して言葉を使ってきました。たとえば、次のように。

　◆誰に対しても「ありがとうございます」と言う
　◆「いいことしたねー。うれしかったよ」と感謝を伝える
　◆「世界で一番すごいねー」といっぱいほめる
　◆「お父さんはそれが良いと思う」「お父さんはそれは良くないと思う」と自分自身の想いや気持ちを伝える

　何気ない日常であるからこそ、**自分の使う言葉が日々積み重なって子どもの中に溜まっていきます。**まずはお母さんがそのことを意識して、自分の使う言葉を精査して、その上で積極的に使い、伝えてほしいと思います。

「いい子」とは、その子らしい生き方ができている子ども

　息子さんはいい子ですか？

　これはなかなかに難しい、あるいは厳しい質問かもしれません。そもそも「いい子」の定義がよくわかりませんし、いい子のときもあれば、そうでないときもありますから。多くの男の子は僕から見れば、たぶんいい子だと思います。「た・ぶ・ん」ですよ。

　いい子であるということをどのようにとらえるかが大切です。保育士でもあり、また子育ての専門家としては「**いい子」というのは、その子らしい生き方や想いを持って生活をしている子ども**だと思います。
　もちろん「自分らしく」ということは、時として親や周りからすると、困ったことに見えたり、心配事のタネとなったりすることもあります。子どもの行動すべてが、親や社会が期待する通りのものには決してなりませんし、みんながそんなに画一的な育ちや性格になることの方が気持ち悪いです。

　つまり、親の思い通りに育つのがいい子というわけではな

第1章

く、**その子の本来持っている性格や素質が育ちの中で十分に発揮されることが、その子らしい「いい子」である**と僕は思います。子育てには、社会的な指標や目標、他人と比べるような基準があるわけではないと思います。

　もちろん、偏差値や学歴、運動ができるとか芸術のコンクールで表彰されるといった、至極わかりやすいものもあります。しかし、それが子育てのすべてのゴールや人生の単一の目標ではないはずです。

　とはいうものの、子どもをどう育てればよいのかは本当にわかりません。いろいろなお話をさせていただいたり、本を書いたりしますが、こればかりはつかみどころのないものです。だから、彼らが大人になったときの姿を少しイメージしてみましょう。

　息子が大人になる過程、今のお母さんの年齢になったときにどんな生き方をしていてほしいと思いますか。それもいろいろな答えや考え方がありますね。「いい大学に入って、いい会社に入っている」「お金儲けをして、たくさん稼いでいる」「なにか社会的に成功して名声を得ている」など、どれも素敵なことだと思います。

　しかし、いわゆる社会的な成功をいくら収めても、自分の気持ちを押し殺して我慢しているとか、ストレスフルな環境の中でなんとか生きているとか、人を信用できずに敵に囲まれて生きている状況では、親としては辛いですよね。今の社

会でそんな風に生きている人が周りにたくさんいませんか？

　それらをイメージした上で、息子にはどんな生き方をして、どんな大人になってほしいと思いますか。もしかすると、キレイ事のように聞こえるかもしれませんが、やはり「生きていることが楽しい」「毎日が充実している」「家族や友人と仲良く楽しくやっている」などの方が、人として良いと思いませんか。これらができるようになるのは、「その子らしい生き方」の延長線上にあると思います。

　息子の行動を見てついついイライラしてしまうのは、お母さんの思い通りにならないことが多いと感じてしまうからだと思います。その想いの先には、「こうなってほしい」「こうでないと将来困る」という愛があります。けれど、**その愛のひとつに「その子らしい生き方」を入れてみると、少しだけですが息子の行動を許せたり、受け止めたりすることができるでしょう**。いたずらや困ったこと、大胆な行動も、その子のひとつの特徴やのびのびとした姿です。ゴールの設定を少し緩くして、おおらかな気持ちを持ちましょう。

大丈夫。お母さんの心配事は起こらない！

「息子から目を離すことができません」

「ずーっと見ていないとなにをしでかすか。人に迷惑をかけてしまうので困ります」

「将来この子はちゃんとやっていけるのでしょうか」

このような質問をよく受けます。息子に関わる心配は尽きません。

たしかに元気な男の子は、なかなかじっとしていられませんし、声も大きく、動きも激しいです。特に静かにしなくてはいけないときやタイミングに限って、ぐずりますし暴れます。息子もかわいそうですが、お母さんも同じか、それ以上に辛い思いをするときがありますよね。病院の待合室、新幹線や飛行機の中、学校などは特に辛いです。

なにが「辛い」かというと、周りからの突き刺すような視線です。「もう少し静かにできないのかしら」「親がきちんとしつけていないから」「わざわざこんなところに連れてこなくても」など、たぶんみんながそんなふうに思っているわけではないはずですが、息子の行動があまりにひどいときは、

どうしても周りがそんな風に思っていると感じてしまいます。感じる必要もないのですが、なんだか罪悪感を覚えます。お互い様なんですけどね。

　息子の行動や将来の心配は尽きません。たぶんこれからもずーっと心配し続けることになります。これって結構しんどいことですよ。だから、いっそ心配することをやめてみましょう。とは言うものの、それができないから心配し続けるのですが。

　結局なにが心配になるのでしょうか。いくつかあると思いますが、ひとつはケガだと思います。

　男の子はケガをします。いろいろとします。考えられないようなケガや、よくわからないところに傷や打ち身があります。お風呂で背中の上のところが青くなっているので、息子に「それどうしたの？」と聞くと、大抵の場合「知らん！」「わからん！」と答えます。自分の傷や打ち身に全く気づいていないのです。反対にその鈍感さが心配になります。

　万事がこの調子なのです。つまり、こちらがいくら心配したり、気にかけたりしていても息子には全く通じていないし、もっと言うと無駄な努力や配慮になっているのです。残念ながら。

　だから、あまりに大きなダメージにつながらないようであれば、もういいんじゃないでしょうか。あきらめましょう。

わが家での奥さんとの合言葉は「死ななきゃいい！」でした。

　たしかにうちの３人の息子たちは何度か大きなケガをしています。バイクと接触事故を起こして救急車で運ばれたり、鬼ごっこをしていて７メートルの崖から飛び降りて足を骨折したり、野球の試合のクロスプレーで脳震盪(のうしんとう)を起こして緊急搬送されたりと、本当にいろいろありました。「保険に入っていてよかった……」と何度も思いました。ちなみに本書を書いているときも、スノーボードに行っていた次男の鼻の骨が折れ、病院に付き添っていました。病院のロビーで原稿を書いたのを今でも覚えています。まだまだ子育ては終わらないですね。

　だから心配は心配なのですが、「きっとこれからなにかケガは起きるもの」と覚悟を決めてください。その上でそのケガとどう付き合うのか、あるいは死なないようにどうしたらよいのかを考える方が現実的だと思います。

　「ケガのないように」とか「なんとか無事で」というように思わず、前提を変えていくことが必要です。それでもまあ絶対とは言いませんが、お母さんが本当に心配することはそんなに起こりません。息子たちもそれなりに、生きていってくれるはずです。

第**2**章

まずはこれだけ！
「鉄板フレーズ」で
子育てがラクになる

息子の行動を変えたければ、お母さんの「言葉」を変える

　「息子を変えたい」と切に願っているお母さんは、とてもたくさんおられます。

　「もう少しだけ言うことを聞いてほしい」

　「あとほんの少し声を小さくしてほしい」

　「パンツを履いてほしい」

　など、ほんのささやかな願いや想いなのですが、息子にはこの「ほんの少し」が伝わりません。なにかを一生懸命伝えるのですが、無視されますし、反対にひどくなったりします。

　「もうなにを言っても無駄です」と思う気持ち、よくわかります。しかし、決して無駄ではありません。

　男の子は自分が周りからどのように見られているか、とらえられているかに敏感です。男の子はその集団の中での「序列」「順番」をとても気にします。簡単に言うと「あいつより、上か下か？」という感覚です。

　だから、いつも一緒にいるお母さんにマウンティングを仕掛けてきます。自分の優位性を誇りたいのです。お母さんのことが大好きであるがゆえに、よけいに自分の素晴らしさを、お母さんに伝え、実感させたいのです。

だからお母さんには、息子がそれを実感できるように、言葉をうまく使ってほしいと思います。これはなにも単に「ほめたたえる」「おだてて木に登らせる」ということではないのです。もちろんそれらが有効な場合も多いですが、単におだてているだけでは本当の意味での変化は起きないでしょう。

　どうすれば、うまく言葉でお母さんの想いを伝えることができるのか。これには次の3つのポイントがあります。

　①丁寧に息子のわかる言葉遣いで話す
　②お話しするときの環境や状況を整える
　③息子の気持ちに寄り添い、自分の想いを言葉にする

　この3つが大切だと思います。息子はお母さんが大好きです。だからお母さんのすることや言うことには、関心や興味があります。
　しかし、その言葉が日々の生活の中で乱暴になってしまったり、途中を省いてしまったり、また気持ちが込められず形骸化したり、怒りや悲しみばかりになってしまうことがあります。そうなるとやはり男の子たちの耳には届いても、心には届かないでしょう。「聞こえているはずだが、なにも伝わらない」という状況です。これは単に親子関係だけでなく、夫婦関係や友達関係、職場や生活の中にたくさん見られることだと思います。
　一般的には多くありますが、親子関係においてこのような

関係性は、あまり好ましくはないですよね。親子や家族の関係性の基本は、豊かで情緒的な関わりと柔らかさです。だから大好きなお母さんが先の３つのポイントを意識して、息子たちに丁寧に関わってほしいです。

　「なにを言っても、この子には効かないんです」と言う前に、その伝え方は良かったのか、その言葉は息子にとって適切だったのか、息子の気持ちを理解しようとしていたのか、などの振り返りがあってもよいと思います。

　もちろんお母さんが伝えたいことは、息子にわかってほしいのですが、相手はまだまだ幼い子どもです。彼らの変化を期待する以上に、大人であるお母さんの意識を変化する方が、確実ですし手っ取り早いです。その変化に合わせて息子たちが変化します。

　人と人との関係性は相互作用です。どちらか一方的な関係性だけで成り立つものではありません。**お母さんの気づきと変化が、息子たちを変えていくのです。気づいた人からしか、変化はできないものなのです。**

言葉かけが簡単に変わる 「リフレーミング」の力

　息子に普段どのような言葉をかけていますか？　やさしく お話ししていますか？　それとも徐々にヒートアップして、 激しくなっていきますか？

　もちろん、お母さんもできればやさしく、丁寧に、素敵な 言葉を使い、小さな声でお話ししたいですよね。気持ちはよ くわかります。しかし現実は、だんだんとボリュームが上が り、そして同じことを何度もくり返し、語気や内容も強くな ってしまっていませんか？　最後には「もう知らない！」と 言うパターンで終了、なんてこともしばしばでしょうか。

　このようなことになる理由のひとつは、息子がお母さんの 思い通りにならない、もっと言うと、想像している姿や行動 をしてくれないからでしょう。
　男の子はお母さんの思い通りにはなりません。絶対に、で す。というより、意地でもならないようにしているとしか思 えません。
　こうした息子の態度に対して苛立ちや怒りが起きて、お母 さんもなにがなんでも言うことを聞かせようとして、また戦

第2章

いの鐘が鳴らされます。不毛な戦いがこうして日々くり返されるのです。

これって疲れませんか？

息子がお母さんの思い通りにならないことで、イライラしてまた強く言うと、余計に息子もイライラして言い返したり、反抗的な態度をとったりします。するとお母さんにとっても、息子にとってもしんどい状況が生まれてしまう。辛いですね、お互いにとって。

こんなときにぜひおすすめなのが「**リフレーミング**」の手法や考え方です。これはお母さんの息子に対する「**見方を意識的に変える**」ということです。

よく使われるのがワイングラスに入っているワインのたとえ話です。

ここにワインがグラスに半分入っています。このワインに対して、2つの考え方ができます。

①お酒が苦手な人は「まだ半分も入っている」と思う
②お酒が好きな人は「もう半分しかない」と思う

おもしろいですよね。ワインの量はどちらも同じですが、その同じ事象に対して、見る人の価値観や立場、思考や考えによって、全く異なる意見になるのです。この2つの立場は、どちらが正しいとか間違っているということではありません。

単にそれらをとらえる人の見方が違うだけなのです。

　このようにひとつの事象はその周りの人がどのような視点や価値観を持ってとらえるか、あるいは見るかによって見え方や感じ方に大きな違いが生じるのです。この見方を意識的に変化させることが「リフレーミング」なのです。もう少し具体的に見てみましょう。

　とっても元気で、大きな声を出しながら走り回っている男の子を想像してください。手には意味もなく長い棒を2本持ち、なぜかゴーグルをしています。服装は、真冬なのに半袖半ズボンです。こういう男の子、公園なんかで時々見かけますね。

　さて、この男の子はどのように見えますか？

◆がさつで激しく暴れ回り、あっちの世界に行ってしまっている男の子
◆元気でたくましく運動大好きで、自分の世界をしっか

りと持っている男の子

　このどちらも正解です。自分の子どもだけを見ていると、どうしても手がかかることや困ることに目が行きがちで、否定的な感覚で息子をとらえてしまいます。そのこと自体間違ってはいませんが、あくまで多様な子どものひとつの姿や側面です。だからいつもの見方や感じ方を大切にしながらも、もう一方で少し違う見方をしてみましょう。

　◆がさつ→活動的
　◆声が大きい→自己主張がしっかりできる
　◆落ち着きがない→興味の幅が広い
　◆すぐに怒る→感情が豊か
　◆わがまま→自分のペースを大切にする

　このような感じです。すぐには難しいですし、自分の子どもだけを見ているとなかなかできませんが、いろいろな場面や場所、機会に多くの子どもたちを見ると、子ども1人ひとりの違いや個性の豊かさに気がつきます。
　誰ひとりとして同じ子どもはいません。似ているところもありますが、どの子も絶対に1人ひとりが豊かな個性に溢れています。だから画一的で一方的な見方ではなく、多様な視点から男の子たちの良いところにも目を向けてほしいと思います。

鉄板フレーズ
のポイント

❶ お母さんの想いは「iメッセージ」で伝える

「ほかの人が見ているよ」

「お店の人に怒られるよ」

「それができないと将来困るわよ」

　こんな感じの叱り方をしていませんか？　ダメなわけではありませんが、これらの叱り方の"主語"は誰ですか？　これらはほかの人の視点や息子の未来を意識した言葉であり、どこか他人事のような気がしませんか。

　つまり、**お母さん自身の想いやメッセージが弱い**のです。叱るにしても、ほめるにしても、究極的には人が人に対して想いを伝える行為で、コミュニケーションのひとつの方法なのです。**コミュニケーションの根底にあるのは「あなたと私の関係性」**なのです。

　だから、ほかの人ではなく**「私があなたに伝えたいこと」という感覚が一番大切**なのです。このような私の想いを伝えることを**「iメッセージ」**と言います。

　iメッセージは、お母さん自身の想いや感情を息子に伝える、一番素直な感覚の言葉であり、メッセージです。これを説明するのは簡単ですが、実際に使うことは難しいと思いま

せんか。息子と話をするとき、どうしても建前的だったり、お母さんの中で「清く・正しく・美しく」などのイメージが出てしまったりします。息子に負けたりすることもできませんし、大人として、親としての立場もあります。そう考えると、息子に一番伝えたい言葉を素直に言うことができていないのは、お母さんなのかもしれません。少し肩の力を抜いて、自分の素直な気持ちを「私の想い」として伝えてください。

「そんなことするのは、お母さんは嫌だな」
「それをしてくれるとお母さんはとてもうれしいわ」
　こんな“私”を主語にした言葉を意識して使ってみましょう。

❷ 「あなたが大好き！」を伝える言葉を使おう

　息子をほめるときに大切にしたいことは、使う言葉それぞれにメッセージを含ませるということです。
　「良かったね」「頑張ったね」などの耳に心地良い、使いやすい言葉をついつい使ってしまいがちです。これらの言葉を使うときに、その根底に息子へのメッセージはありますか？もう少し砕いて言うと、お母さんに「伝えたい想い」がありますか？

　もちろん子どもをほめて育てることは、素晴らしいことだと思います。そうなると大切なのは、「どのように子どもをほめるか」ということです。ただ単に、なんでもかんでもほ

めればよいというわけではないはずです。正しいほめ方、子どもたちに伝わるほめ方が求められるでしょう。そのことを少し考えてみましょう。

　そもそもなんのために「ほめる」のでしょうか。**ほめることの根本的な意味合いとは、お母さんからのポジティブなメッセージを送る**ということです。そのメッセージを受け取った息子が、そのことによってより良い感覚や反応を持つことになるのです。

　お母さんはほめることによって、息子になにを伝えたいのでしょうか。それを考えたことはありますか。それはなにもひとつでなくてもよいと思いますし、また人によって違ってよいと思います。息子によって、それらの感じ方や、とらえ方もそれぞれ違うと思います。子育ての自由な部分でしょう。

　それでもあえてそれをまとめると「**あなたのことが大好き！**」というメッセージを送ることでしょう。**人は誰かに愛され、必要とされることにより、自分という存在を作り上げていきます。**親子は関係性の中で、その根本的なことを伝えます。だから子どもを育てるときには、ぜひそのメッセージを大切に伝えてあげてほしいと思います。

❸ メッセージは素直に伝える
　子育てをしているときお母さんは、子どもたちにいろいろ

な方法でメッセージを送ります。それはあいさつであり、日常の生活であり、楽しさや喜びの感情であったり、しつけであったりします。お母さんは当然大人です。これまでの人生の中で、さまざまな人との多くの関わりがあります。その中で人との関わりについて多くのパターンや対応の方法を身につけています。その多様な経験をベースに、今子育てをしているのです。

　そしてその相手は生まれたての真っ白な子どもです。当然ですが彼らは、人との関わりを持ったことがなく、パターンもなにも知りません。その最初の人との関わりを、感じ伝えるのがお母さんの役割なのです。冷静に考えると、なかなかに大きなお仕事ですよね。

　子育てには、基本的に2つの側面があります。
　ひとつは子どもの命を守り育てるという側面です。生まれたての赤ちゃんは、ひとりでは決して生きていくことができません。その弱く幼きものを守りつつ、命をつないでいくこと。これがすべての基本ですね。

　そしてもうひとつの側面は、子どもをより良き人として育て上げることです。「より良き人」という概念は難しいですが、「この社会で気持ちよく生きていくことができる人」と言えると思います。たぶん多くの人が、そのように願っているのですが、どのように育てればそのようになるのかがわからないのです。僕自身もそれはよくわかりません。3人の息

子がいますが、うまくいっているところと、なかなかに育っていないところを感じます。それぞれの理由も今思えば、なんとなく思い当たるところはありますが、子育ての真っ只中でそのようなことを考えることはできませんでした。

　今思う、子どものためにできるたったひとつのことは「**誠実に子育てをし、子どもと向き合う**」ことです。子どもを脅さない、裏切らない、そして同時に自分の想いを大切にし、素直に生きていく。これが一番大切だと思います。

　これからいろいろな生き方を学んでいく子どもに、最初になにを伝えたいですか？

　それは「**安心**」と「**誠実**」でしょう。まずはそのことをシンプルに、そして素直に伝えてほしいと思います。子育てに過剰な駆け引きや、子どもを試すようなことは不必要です。お母さんの柔らかな想いと安定感が子どもを豊かに育てます。

鉄板フレーズ

男の子はお母さんが大好きです。心の成長に必要なポイントを満たし、安心・安全を感じられる「鉄板フレーズ」を15個集めました。

それでいいよ

　息子のそのままの姿を認める言葉です。なにかを特別に求めるのではなく「今、ここで」のありのままのあなたを全部受け止めるという意味が伝わります。男の子はどうしてもいろいろな意味でカッコつけたり、見栄を張ったりします。自分を大きく見せたがるのですが、この言葉からはそのままの息子を愛する姿勢が伝わります。

すごい

　息子の価値を最大限に上げる感覚です。ほかと比べて、ずば抜けていることや状態、行為、時には息子自身をほめる言葉です。男の子は「No.1」が大好きです。「誰とも違う、一番イケてる俺」これ、天にも昇る気持ちです。「すごい」を使うときは、思わず溢れ出てしまう感嘆として使うのが、効果的です。「すっ、すっ、すごい！」「すご〜〜い！」こんな感じです。

かっこいい

　基本的には見た目に関しての評価の言葉です。もちろん、息子は見た目に命をかけています。お母さんから見ると、奇妙な帽子や服、持ち物でも彼らの中では「ファッションリーダー的センス」なのです。それを認められることは至上の喜び、モデルとしての生きがいです。もちろん、心のかっこよさも大切です。

ありがとう

　大好きなお母さんに「ありがとう」と言われると、「自分は役に立っている」という感覚になります。これを「自己有用感」と言います。「人の役に立つことのできる、優れている自分」という感覚です。これがこれからの生きていく自信につながります。誰かに必要とされることで、人はやさしく、強く生きていけるのです。

うれしいわ

　自分の手で、自分のすることによって、お母さんに喜びを与えることができている。それが反射的に自分に返ってきている。うれしそうなお母さんを見て、息子自身もうれしくなるのです。感情は相手に伝わります。緊張は緊張を、悲しさは悲しさを、うれしさはうれしさを相手に与えます。

お兄ちゃんだね

　男の子は「兄」という存在に憧れます。単なる兄弟関係だけでなく、立場が上でみんなに愛される「アニキ」というポジションに。下の者を守ったり、譲ったりして、自分の器の大きさを最大限に発揮したときの称号的ほめ言葉です。「今日から俺もアニキの仲間入り」という感覚でしょう。

頑張ったね

　この言葉の良いところは、結果を評価していないことです。ついつい「一番」「No.1」などの順位や、勝ち負けについてほめたくなってしまいます。もちろん、それらは息子たちの大好物です。しかし、あえてプロセスに目を向けて、その努力や頑張りをほめていく。なかなか上級者のほめ技なんです。

さすが

「お主、なかなかにわかっているなぁー」ということですよね、この言葉のニュアンスは。つまり、プロがプロをほめるときに使う言葉なんです。「ほかの人はわかっていないかもしれないけど、私はちゃんとわかっていますよー」という感覚が伝わります。単に言葉だけではなく、つながりを意識するほめ方です。

大好き

お父さんへの「愛している」とは違う、最大限の愛の表現でしょう。これは直球ど真ん中です。きっと息子は照れてしまい、どこかに走り去っていきます。うれしさが一周回ってどうしてよいかわからないからです。しかしそのあと必ず「大好き」と、息子からの告白がきます。そのあと「僕のこと大好き？」と強迫してきます。

やったー

　息子とお母さんが感動を共有できる言葉です。息子の喜び
をそのまま自分の喜びにできる、豊かな感受性が息子にも伝
わります。一緒に「やったー」と言えば喜びは2倍、いや2
乗になりますよ。感動の分かち合いの言葉です。

その調子

　「その調子」という言葉の時間の流れを意識してみましょ
う。息子のこれまでしてきたことを認めつつ、今度はそのこ
とを未来に押し出す感覚の言葉です。今だけを切り取りほめ
るのではなく、時間的な動作のつながり、連続性の中で認め
ながらほめていく言葉です。過去と今と未来、ひとつで3回
美味しい言葉なんです。

前よりいいわ

　前がダメだったのではなく、「前も良かったけど、さらにいいねー」ということです。息子の成長を実感して、その成長を息子自身に伝えている言葉です。自分の成長は意外に自分では気づきづらいものです。だからその気づきを、周りが意識して発信したり伝えたりしていきます。そのことにより息子が成長します。

うまくなったね

　息子のしていることをほめる言葉ですが、これは2つのことを認めているのです。ひとつはその行為の上達を認め、ほめるということ。つまり、わかりやすい結果です。そしてもうひとつは、それまでの過程の努力を認め、ほめているということ。プロセスと結果、この2つが揃って「うまくなる」のです。

できているよ

　男の子は失敗を極端に恐れます。「常に勝者であり続けたい」と願っていますし、また失敗をする自分自身を許すことができないのです。だから失敗すると思った途端、すべてを投げ捨てたり極端に避けたりします。「できているよ」は、息子の行為をすべて受け止める言葉であり、安心感を与える言葉になるでしょう。

ＯＫ！

　息子を丸ごと受け止める言葉ですね。「あなた自身そのままでいいよ！」という全受容の意味があります。もちろんこれを使うときは、表情や仕草も併せて息子を受け止めてあげてほしいです。この言葉の良いところは、「良い・悪い」という価値を含んでいないところです。「あるがままのあなたが一番素敵」というメッセージです。

男の子の心に響く言葉かけ
５つのポイント

第3章からは、叱る、ほめるなどのシチュエーションごとに
男の子に通じる言葉かけのフレーズを紹介します。
フレーズの言い換えには５つのポイントがあります。
コツがわかれば、いろいろな場面や、これからの成長に合わせて、
良い関係を作る良い言葉かけができますよ。

❶ 否定から、肯定へ

男の子をまずは受け止める。否定はいつでもできます。まずは肯定的
な見方や考え方をする視点を持ちましょう。すべてはそこからはじま
ります。

❷ お母さん目線から、男の子目線へ

お母さんと男の子は違う生き物です。相容れません。だからおもしろ
いのです。お母さんの目線から男の子目線、感じ方、考え方にチェン
ジしましょう。別の景色が見えるはずです。

❸ 怒りから、笑いへ

怒りたくなる気持ちはよくわかります。しかしあえて言います。笑い
飛ばしましょう。男の子の子育ての苦労は、今までのお母さんの生活
や経験にはない、男の子を持ったがゆえの体験なのですから。

❹ 叱責から、励ましへ

叱ってどうにかなるなら、みんな賢くなっています。男の子は叱って
もあまり効果はありません。それなら頑張る姿を認め、励まして男の
子の心を強くしてあげましょう。

❺ 行動から、想いへ

男の子の行動に目がいきますが、大切なのは心です。これはお母さん
も同じです。目の前の事象にとらわれ過ぎず、そのときの気持ちをお
互いに大切にしましょう。

第3章

男の子の行動が変わる
「叱りフレーズ」

「叱る」のは
悪いことじゃない

　叱ることをダメなことだと思っていませんか？

　もちろん「ほめて育てる」ことができれば、とても良いと思います。「ほめる」は肯定的な行為なので、ほめるお母さんにもポジティブな感覚が伴います。息子も、ほめられると喜びますからね。プラスとプラスが合わさるイメージですね。

　しかし「叱る」という行為は息子の行動や発言に対して、停止や変更、あるいは息子の意とは異なるメッセージを出すことでもあります。これらはしなくてよいのであれば、したくはないことです。

　「叱る」には、どうしても否定的な感情が伴います。お母さんは良かれと思っていますが、必ずしも息子たちにとって良いものとは限りませんからね。叱った挙句に「もう、お母さんなんか嫌い！」などと逆ギレされた日には、お母さんも悲しくなってしまいます。お母さんも息子が憎くて叱っているわけではないのに、なんだか叱った方が悪者扱いです。

　日本には古来より「ほめて、なだめ、叱り、すかし」という言葉があるように、子どもとのさまざまな関わり方のレ

パートリーが存在しています。息子との関わり方も、いくつかのレパートリーがある方がよいですし、それらをさまざまな状況や場面において使い分けられる方が、多様な関わりにつながります。そのように考えると「叱る」こと自体は決して、ダメなことではないのです。

　いつも叱ってばかりでほかの方法がわからない、できないというのは良くないですが、ほかの方法も活用して息子との多様な関わり方を意識しましょう。

　そもそも叱るとは、次の3つの条件を満たしていないと成立しません。

①息子との信頼関係がある

　お母さんと息子の間にしっかりとした絆が存在している。

②明確なメッセージがある

　「今は大きな声を出さない」「ご飯をきちんと最後まで食べる」など、息子にもわかるメッセージがある。

③ゴールの設定ができている

　「静かにしてくれたらそれでよい」「きちんと食べてくれたらおしまい」など、ゴールがはっきりと共有できている。

　お母さんが息子を叱るときに、この3つの条件が満たされていますか？　その日の気分や自分が気に入らないことをし

たときだけ都合よく、息子にガミガミと言っていませんか？
それは「叱る」ではなく「怒る」です。叱ると怒るは根本的
に違います。

　「怒る」は単なる感情の爆発です。メッセージもゴールの
設定もありません。お母さんが自分の気分を発散し、息子に
怒りをぶつける行為です。息子たちはこの姿に怯えるのです。
ちなみにお父さんも「お母さんが怖い」と感じているのは、
このためです。

　もちろん、子育ては生きていくために必要なすべてのこと
を伝える営みですから、時には怒ることもあってよいと思い
ます。ただし、手をあげたりはしないでくださいね。

　「叱る」と「怒る」を自分の中で区別してください。簡単
に言うと、**息子のためにするのが「叱る」**であり、**自分のた
めにするのが「怒る」**と覚えるとわかりやすいですね。いろ
いろな関わり方のレパートリーを増やして、その中でうまく
「叱る」も活用しましょう。それが、デキるお母さんなので
す。

「叱るライン」を
少しだけ緩めてみる

たぶんですが、お母さんが本気を出せば、息子を1日中叱り続け、責め続けられると思います。

「またそんなことをして、前も言ったでしょう！ どうしてそんなことしたの、お約束は忘れたの!? 何度も何度も同じことして、もうお母さんはあきれます……」

まだまだこんなものでは終わりませんよね。つまりそれだけ息子たちは、お母さんを怒らせずにはいられない特別な存在なのです。それも延々と続くほど。

お母さんも叱りたくて言っているわけではないのですが、次から次へと「叱りポイント」「怒りスイッチ」が見つかるのです。本当は言いたくもないのですが、見つけた以上黙っておくこともできないのですね、これがまた。

それだけお母さんは息子をよく見ていて、よくわかっているのです。良いことではあるのですが、時によく見え過ぎて、わかり過ぎてしまって、息子のいろいろなことを先回りし過ぎています。

男女の仲もそうだと思うのですが、なんでも近過ぎる、好き過ぎるという「○○過ぎる」は、さまざまな弊害がありますよね。親子の間、特に「お母さんと息子」の距離感は大切に意識してほしいと思います。

　「見え過ぎて叱り過ぎる」とは、それだけお母さんから息子へのリクエストが多過ぎるということ。「息子を自分の意のままにコントロールしたい」という想いの表れなのです。叱られ続ける息子は、やはり叱られるのが嫌なので、お母さんの希望する行動や選択をします。たとえそれが自分の想いや好きなことと違っていても、です。

　子どもは親の期待に応えようとする生き物です。もちろんそれができる、できないということはあるのですが、姿勢としてはやはり頑張って応えようとしてくれます。これってとても健気な感じがしませんか。そしてなんとなく辛くなりませんか。

　もちろん当のお母さんはそんな強い想いがあるわけではありませんし、まさか自分がコントロールしているなんて実感もありません。だからややこしいのです。無意識の中で子どもの行動や子どもに対する考え、価値観さえも作り上げてしまっているのですから。

　だからあえて、そのことを意識してほしいのです。子どもは親の鏡なんです。そこのハードル、つまり「子どものすべてを支配する感覚」を緩めてほしいです。

具体的には、叱ることを減らしてあげる。これは全く叱らないということではありません。今までの「叱るライン」を少しだけ下げて、叱る回数や事象を少なくするのです。「叱るライン」とは、「ここまでは許すけど、ここから先は叱ります」という叱る基準のことです。

　その上で、「叱るライン」をしっかりと意識してください。**昨日と今日で叱るラインやルールを変えないようにしましょう。気分で叱ったり、ルールや約束を変えたりしないということでもあります。**

　明確な叱るラインを持ちますが、以前よりそこを緩くして、叱る回数を減らすことで、男の子たちは自由を意識します。最初はその自由がうれしくてちょっと羽目を外しますが、そのうち自由の中で規律や自立を意識します。そのタイミングで息子にいろいろなことを任せたり、責任を持たせたりします。全部お母さんがするのではなく、彼らにいろいろなことを信頼して任せてみるのです。これが成長、自立の第一歩となります。**叱ることのコントロールが子どもを大きく育てる**のです。

叱るときは「10回叱って、3回伝わる」で十分

　お母さんはなかなか叱ることを止められません。別に叱らなくても、いいんです。お母さんのポジションは、息子の中では常に優位なんですから。

　それでも少し自信がなくなったり、自分の子育てが不安になったりすることがありますよね。そんなときにふと思うのは、このままでは息子に「負けてしまう」という感覚です。別の言い方をすれば「なめられてしまう」という感覚ですね。これはあくまで勝者、為政者の立場からの見方・感じ方ですね。常に勝利を求められる立場、負けることが許されない感覚は辛いですよね。

　本当はそんなことはないんですよ。負けてもいいし、勝ち続けることなどはできないのですから。

　けれどやはり、そこのポジションから降りることができない。だからついつい息子に対して、強く接してしまうし、マウンティングを仕掛けてしまう。息子を必要以上に叱ったり、自分の言うことを強引に聞かせたりしようとする。

　これは新任の保育士や幼稚園の先生のメンタリティーと似

ています。一部ですが、若い先生の中には子どもたちにとても厳しい先生がいます。よくよく話を聞いてみると、やはり「子どもになめられるとクラスがぐちゃぐちゃになります」「クラスの和や秩序が乱れます」などと話してくれます。子どもたちに自分のコントロールが効かないこと、自分の地位が脅かされることを恐れるがあまり、とても厳しいルールを設けてしまうのです。ここにもやはり「子どもになめられてはいけない」という想いが見られます。お母さんと一緒です。

けれど、その「なめてかかる感覚」は男の子にとって大切なものだと思います。「自分の優位性を確認する行為」だと言えますから。変に気を使ったりするより、自分らしさを出している素直な気持ちですからね。「大好きなお母さんを乗り越えて、自分の方がすごいということを伝えたい」って、かわいいじゃないですか。それに親はいつか子どもに追い越されていく存在なんです。**だからあまりムキにならず、時には負けを認めて、息子に勝ちを譲ってあげてほしいと思います。**

お母さんは「息子に負けたくない」と思ってしまうので、どうしても頑張り過ぎてしまいます。そこには親として、大人としてのプライドがあります。
常に負けられない感覚は、10戦して10勝を目指す戦い方です。パーフェクトであり、完璧な勝利を目指す姿です。かっこよ過ぎますが、これはこれで結構しんどいでしょう。一

寸の隙も弱みも見せられませんからね。

　**だから僕は、息子との勝負は 10 戦して 3 勝 7 敗ぐらいで
よいのではないかと思っています。**
　どうですか？　7 回は負けてもいいし、すべて思い通りに
はならなくていいという感覚です。負け過ぎですか？　さす
がに全敗はできませんが、時々勝つぐらいのイメージです。
　普段の生活を考えてみると、全勝を目指しているかもしれ
ませんが、結局 3 勝ぐらいしかしてないことって、ありませ
んか？　そう思うと最初からあまりハードルをあげないで、
これぐらいの感じであればよいのではないかと思います。

なんでもかんでも叱らないためには「距離」が大切

お母さんはどんなときに息子を叱りますか？

一番わかりやすいのが「目前でなにかいけないことをしたとき」でしょう。とにかく目前でなにかダメなことをされると、反射的に叱ってしまいますね。

◆突然道に寝っ転がる
◆落ちているものを口に入れる
◆人ごみで服を脱ぎ出す

これらをされて叱らない人はいないと思いますし、止めないといろいろなところに迷惑がかかります。周りの人の視線も辛く感じますからね。

男の子の行動は読めません。とにかく突然ですし、たぶんあまり物事を考えず本能のまま動くので、本人にも予想ができていないでしょう。よく頭をぶつけたり、転んだりしています。自分自身の体や行動を自分でコントロールできていません。

そんな痛い思いを自分でしているのに、なぜだかお母さんに痛みや怒りをぶつけてきます。転んで膝を擦りむいたので、お母さんが近づいて「大丈夫？」と心配していると「もう〜痛い！」と言ってお母さんを叩いたり蹴ったりします。これ、完全にとばっちりですからね。心配をしてくれている人に対して暴力を振るうなど、もう無茶苦茶です。

　自分に対する怒りを一番身近な人に向けることで、自分の鬱憤を晴らしているのですが、されるこちら側からすればたまったものではないですね。ひどい話です。

　こんなときは、もうほっときましょう。

　というか、男の子を叱りたくなる場面をできるだけ見ないように心がけましょう。その場を見てしまうから、叱らないといけない環境下にいるから、どうしても叱ってしまうのです。だからそのような環境をできるだけ避けましょう。

　とは言うものの、毎日の生活の中ではなかなか難しいですね。

　そこで、「心の距離」を少し意識してみましょう。心が近いとどうしても「私がどうにかしないといけない」という感覚になります。これは、息子とお母さんは一心同体、という感覚です。息子の痛みは私の痛み、ということでしょうか。

　もちろん赤ちゃんのときは、そのような姿勢でよいと思いますよ。お母さんと赤ちゃんは一心同体的な感覚の中で育ちますし、そのことで赤ちゃんは安心して生きられます。

　しかし少し大きくなって、自分の想いや意見を言えるよう

になったら、少しずつでよいので適当な距離を取ってほしいのです。叱るにしても、すぐには叱りません。彼らのすることを、その意味やパターンを観察して、そして見極めをしてみましょう。本当に叱る必要があるのか、または今は少し見逃しておいても大丈夫なのか？　ということです。

　ただし、なんでもかんでも見逃せばよいというわけではないですよ。明確なルールを作りましょう。僕は次の2つのときには、息子たちを絶対に叱ると決めていました。

　①自分や周りの友達のケガや命の危険につながるとき
　②人としての尊厳やプライドを傷つけたとき

　ちょっと大げさな書き方をしましたが、これは常日頃心がけていましたし、同時に息子たちには何度も伝えてきました。反対に言うと、これ以外で叱ったりすることはあまりなく、できるだけ大きな気持ちで受け止めたり、見逃したりしていました。それでも時々叱りそうになるときは、奥さんに任せたり、その場を離れたりするようにしました。
　お互いの緊張関係が余計に叱る環境を作り出しているように思います。男の子を叱らない一番の方法は、叱りたくなる場面に遭遇しないということです。難しいけれど、確実な方法ですよ。

第3章

時には「見ない」
「距離を置く」も大切

　息子を叱るとき、彼らは真剣に聞いてくれますか？　なんとなく雰囲気を察して真剣に聞いているふりをしますが、あれ、ほとんど伝わっていないですよ。その証拠に「もうしません！」と言ったすぐそのあとに、同じことをしませんか？全然懲りてないし、反省などしていません。

　息子が真剣に話を聞いてくれないとき、お母さんにも悪いところがあると思います。たとえば、息子がなにかいけないことをしたときに、テンション高めに「どうしてあんなことをしたの！　もう絶対にあんなことしたらダメよ？　わかった？　返事は？」とほぼ恫喝レベルで接してしまうお母さんがいます。

　冷静に考えてほしいのですが、このときの息子が発する言葉の正解はなんですか？

　もしですよ、お母さんに怒られている意味がわからず、理由が説明できない場合に「わかりません」と正直に答えたとしましょう。このあとどうなりますか？

お母さんの怒りは倍増して「どうしてわからないのー！人の話を聞いてるのー！」とさらに追い詰められるのです。息子もこれまでの経験上そうなることがわかっているので、仕方なしに「はい、わかりました」と言うのです。

　つまり、お母さんの求める正解は「はい」だけであり、そのときにどんな言い訳や想いを伝えても、それらは許されるものではありません。これって男の子からすると、とても辛いものですよ。

　結局はお母さんの思い通りにならざるを得ないのです。だから心の底から反省したり、改善しようと思ったりなどはしていません。とにかくなんとかして、その場だけをしのげればよいと思っています。困ったものですね。

　それではどうしたらよいのでしょうか？　ここでは男の子に効果的な伝え方について考えましょう。

　男の子はある意味、雰囲気で動く生き物です。思考が浅く、反射で動いています。その場の空気や雰囲気を読んで、自分の行動を決めます。ただしそんなに細かい雰囲気は読めません。なんとなく大づかみの雰囲気の感覚です。だから男の子にしっかりと話を聞かせたい、あるいはここ一番の勝負を仕掛けたいときは、この雰囲気を作ったり、変えてしまったりすることが効果的です。「ん？　今日はなんだかお母さんがいつもと違うぞ？」と思わせれば、勝ちです。これを意識しましょう。

具体的には、いつもの男の子のペースを崩して、こちらの
ペースや雰囲気の中に誘い込むのです。

　たとえば、男の子との生活は部屋が荒れます。おもちゃが
散らかります。片付けても片付けても、散乱しています。そ
んな中できちんとした話などはできません。おもちゃは片付
けましょう。せめて見えない環境を作りましょう。当然、テ
レビや音楽は消します。お母さんと息子の一対一のサシの勝
負なんですから。

　そして喋り方、表情も意識してください。ここ大事です。
男の子たちは緊張感に弱いです。だからなにか違う雰囲気や
ムードを感じたら、そのシリアスなところに行かないように、
今度は変にふざけます。その変な誘惑に対して、決して笑っ

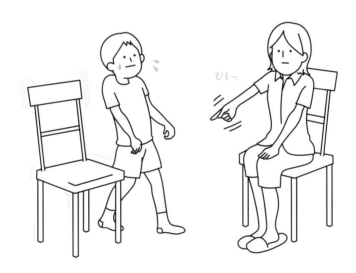

てはいけませんし、怒る必要もありません。そのような態度は無視です。椅子に2人できちんと座ってください。そしてお母さんの喋り方も、いつもよりテンポを落として少し落ち着いた声で話してください。そのときに、息子の顔を見続けてください。目をそむけないし、視線も外しません。この時点で息子に「なんだか今日のお母さんは違う」と思わせられれば、勝ちです。あとは声も荒らげず、丁寧にお話をしてください。

　お母さんがいつもいつも叱っていると、息子もそれに慣れてしまいます。結局、お母さんは言い続けて、息子は聴き続けるだけで、なにも変化が起きません。**お母さんが変化することにより、息子にも変化を起こさせるのです。**ちょっとのことですが、大きく変わりますよ。ぜひお試しあれ。あと、これはお父さんに対しても有効です。

叱りフレーズ
のポイント

① 叱るときは「今・ここで」

　男の子には「昨日」と「明日」がありません。「そんなまさか！」と思うでしょう。これ、本当ですよ。その証拠に「もうしてはダメよ！　わかった？」と聞くと「うん！」と元気に答えてくれるでしょう。じゃあそのあとやめるかというと、全く同じことをします。全然わかっていません。そのときの約束なんて、全く意味がないのです。

　同じように「前も言ったでしょ」「これ何回目」「いつも同じこと言われないの」などの過去を引き合いに出して、叱ることになんの意味もありません。だって過去の積み重ねができないのですから。つまり、男の子には「過去」が存在しません。

　同時に「未来」も存在しません。おもちゃ屋さんなどで家にあるものと同じものを見つけて、欲しがったりしませんか？「家に同じものあるでしょ」と言っても、納得しません。家にあることを忘れているわけではないのですが、家に帰るまで待てません。これから先のことなんか、どうでもいいのです。

だから「もう少し待ってね」「今は我慢してね」「おんなじものあとで買ってあげるから」なんていう言葉は無意味です。だって未来がないのですから。

　ここからわかることは、**男の子は「今・ここで」がすべて**ということです。**過去も未来も存在しません。今自分の足で立っているこの場所、この時間、このタイミングが全部なんです。だから息子を叱るときは、すべて「現行犯逮捕」が基本**です。

❷ ひとつ叱って改善されたら、またひとつ叱る

　お母さんが息子を叱るときって、延々と時間が続きます。なぜならずーっと叱り続けられるから。

　最初はなにかひとつのことを、叱りはじめるのです。

　「どうして、あんなことをしたの？　いつもダメと言ってるでしょ」みたいな感じです。これで終わればなんの問題もないのですが、残念ながら終わりません。

　「だって前もおんなじことしたら、うまくできたから」

　「えっ、前もしたの？　どうして？　ダメだと言ってるでしょ」このように余罪が次々と出てきます。

　そしてその言い訳がまた、お母さんの怒りを生み出します。

　「お母さんが、してもいいって言ったから、したの」

　「そんなこと言ってません！　だいたいあなたはいつもいつもおんなじことばかりで怒られて、反省がちっともないし、言い訳ばかりして、お母さんもう知りません！」

「だって、お母さんがいいと言うと思ってたから、しただけ……」

こんな調子でしょうか。これでは永遠に終わるわけがないのです。

あまりにたくさん叱り過ぎてしまうと、結局息子も自分がどうして叱られていたのか、わからなくなってしまいます。「叱られている」という事実だけが印象に残ってしまいます。その内容や自分への反省など微塵（みじん）も見られません。

そんな息子が次から自分の行動を律したり、気をつけたり、やめたりすると思いますか？　絶対にやめませんし、変化も起きません。そのように考えてみると、息子を叱り過ぎずに、彼らにわかる範囲の内容と量にとどめておきましょう。ひとつ叱って、それが改善されたら、またひとつ叱る、この程度にしておきましょう。**息子のわかる範囲、受け止められる範囲内で叱ることが大切です。**

❸ 時間よりもメッセージを大切に

息子を叱ったあとには、なんだか嫌な気持ちになりませんか。胸のところになにか酸っぱいものが上がってくるというか、胸のモヤモヤがより強くなるというか、なんとも言えない感覚です。

「あんなに叱らなくてもよかったかな」

「もう少し別の言い方ができたかな」

などと考え、親として辛い瞬間でもあります。

「もう叱らないでおこう」と心に決めるのですが、目前の息子を見るとやっぱりそうも言っていられなくて、「こらぁ〜！」とついつい叫んでしまいます。そしてこのくり返しのまま、今日に至ることでしょう。

　息子への関わり方は、叱る以外にもいろいろとあった方がよいのです。「ほめて、なだめ、叱り、すかし」と昔から、子どもとの関わりを指す言葉がありますが、ここでもそれぞれの関わり方の多様性を表しているのです。

　ここでの「多様性」とは、親子の関わり方の多様性を指しています。だから叱ることは大切にしても、叱るだけで子育てが進むことはあまり称賛できません。また反対に「ほめる」だけでも子育ては成立しないように思います。

　だから息子を叱るときには、少しだけ短く終えるように意識しましょう。お母さんの言いたいことやわかってほしいことを言葉にし、それで終わりにします。息子の同意や納得は少し置いておきましょう。どうせ１回では通じません。これから何度も言わなくてはいけません。その回数は変わりませんが、内容を短く、コンパクトに切り上げてください。**大切なのは短くても的確な「メッセージ」を込めることです。短く、ポイントを絞り、ダイレクトに伝えましょう。**

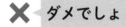

本当に心に響く
叱りフレーズ

息子もお母さんも嫌な気持ちにならない、心に響く
フレーズです。「今・ここで」「早めに叱り終える」
といったポイントも意識して使ってみましょう。

✕ ダメでしょ

◯ なにをしてるの？

　否定から入るのではなく「あなたに関心を持っているよー」
というメッセージを送りましょう。否定でも肯定でもない、
フラットな感覚で息子と接するイメージを持ってください。

✕ こら！

◯ あっ！

　「こら！」は否定が前面に押し出されている言葉です。この
言葉を発するときのテンションを考えてみてください。強い押
し出し方で恫喝的な意味合いを持っています。そうではなく、
驚きや発見という柔らかな感覚を言葉に込めてみましょう。

✕ やめなさい

◯ 危ないよ

　なにかいけないこと、危ないことをしているときには、今すぐやめてほしいと思いますね。「やめなさい」と行動の禁止や否定をするのではなく、「危ないよ」とやめてほしい理由を伝えるようにします。

✕ ちゃんとしなさい

◯ どうしたらいいかな？

　「ちゃんとしなさい」は言われて一番わかりにくい言葉です。「ちゃんと」はお母さんの基準であり、なにをもって「ちゃんと」なのか息子にはわかりません。息子に判断を任せる言い方に言い換えてみましょう。

✕ 前も言ったでしょ

◯ それしたらどうなるかな？

　息子の今の行動を全否定するのではなく、受け止めながら自分自身で考えさせる言葉かけです。未来志向の言葉かけであり、自分軸の意識が芽生えます。

✕ これ言うの何回目？

◯ 前のこと覚えてる？

　過去を無理やり引き合いに出して息子を責めるのではなく、過去に対して息子自身が想いをはせられるようにしてあげる言葉かけです。柔らかさの中に息子を信じている感覚が垣間見えます。

✕ いつもおんなじ

◯ お母さんの言いたいことはなんだと思う？

　お母さん自身の落胆やあきらめといった気持ちが入っている言葉ではなく、お母さんに対する息子の関心を引き出す言葉を使ってみましょう。一方的な感覚から双方向な感覚につなげる言葉です。

✕ わからない

◯ おもしろいねー

　すべての関係をシャットアウトするのが「わからない」という言葉です。究極の全否定の言葉です。そうではなく、視点や発想に着目をして、わからないなりに受け止めていく姿勢を大切にしましょう。

✕ 静かに

◯ お話聞いてくれる？

息子の行動や言葉を一切制止する一方的な命令形に対して、「お母さんからのお願い」という形に変えます。主導権を息子に託し、信頼を感じさせる言葉です。

✕ ほかの人が見てるよ

◯ どうしたらよかったかな？

行動の変化を期待する場合には「ほかの人」といった外圧ではなく、自分からの変化を期待しましょう。その場合、自己に対する気づきを促してあげるような言葉かけがよいです。

第3章

✕ うるさい

◯ 小さい声でしゃべれる？

息子の「話をしたい」という想いを制するのではなく、その想いを受け止めつつ、周りの状況に合わせて小声で話をしてもらいます。

✗ なんでしたの

○ なにがしたかったのかな？

　「なんでしたの」には相手に対する非難のニュアンスが含まれています。そうではなく、積極的に息子の気持ちに寄り添い、相手の心を受け止める姿勢を醸し出しましょう。

✗ 思い出して

○ あのときなにしてたかな？

　過去に対する意識を強引に思い出させるのではなく、あくまで息子自身に主体的に語ってもらうという姿勢です。「思い出して」という強い命令口調よりも、質問にすれば答えやすくなります。

✗ 返事は

○ 自分のお口で言ってね

　「返事は」というお母さんに対して、息子の答えは「はい」以外ありません。わかっていようがいまいが、これ以外に認められず、あくまでお母さん主体になっています。主導権を息子に渡すという感覚です。

✕ やさしくしなさい

〇 やさしくできるかな？

　やさしさは強制されるものではないはずです。強制されて必ずしもできるものではありません。そうではなく、息子の気持ちを受け止めつつ、質問という形にしてみましょう。

✕ お口で言って

〇 お話しできるかな？

　男の子は言葉を使うのがうまくありません。本当は言いたいことがたくさんあるのですが、それがうまく言えません。言えるのならとっくに話をしています。その「言いたいのに言えない気持ち」を無視しないでください。

✕ 叩かない

〇 どうしたの？

　言葉がうまく使えない男の子は、行動で自分の想いを伝えようとします。それが時には暴力になってしまいます。その背景にある気持ちに気づいてあげて、気持ちや想いをお母さんが代弁していきましょう。

✖ 押さない

◯ 一緒に行こうか

　息子に押されたときには、無言のメッセージを察しましょう。そこには自分の行きたい場所や「早く行きたい」という想いがあります。その想いを察して受け止めてあげることで、安心した行動が取れます。

✖ 大丈夫

◯ これから○○になるからね

　お母さんは「大丈夫」と言うけれど、男の子はこれからのことが不安なのです。だからいろいろと聞いてきたり、行動が不安定になったりします。少し先の見通しを伝えることで、子どもなりに予測や準備を整えることができます。

✖ 好きにして

◯ どうしたかったのかな？

　一見良い言葉のように思いますが、息子の想いを受け止めずに放り出している言葉です。お母さんの想いや意見、判断ややさしさが欲しいのに、突き放されてしまい、壁を感じてしまいます。突き放さずに気持ちを受け止めましょう。

第**4**章

男の子が輝く
「ほめフレーズ」

男の子は
「認められたい」生き物

　息子はどんなときにイキイキとしていますか。いろいろとあるとは思いますが、わかりやすいのは「自分が認められているとき」あるいは「自分が注目を集めているとき」でしょう。これってお父さんも同じじゃないですか？　男の性（さが）なのかもしれませんね。

　良い悪いは別として、男の子の方が生まれたときからいろいろな意味で周りの期待値が高いです。「男の子なんだから○○」という言い方や雰囲気、文化がまだまだ根強くあります。「女の子なんだから○○」もありますが、どちらがプレッシャーやストレスが大きいかというと、やはり男の子でしょう。

　なぜなら、そこに社会的な見られ方や責任などが大きく関係していて、周りに認められるべき男性像がどうしても付随（ふずい）しているからです。

　最近は女性も大変ですが、男性像の方がハードルが少し高いイメージです。「男は強くたくましく、泣かずに堂々と立派なリーダーとして先頭に立ち、弱音も吐かず我慢してみん

なを引っ張っていく」。ここまで極端ではないにしろ、どこかでそのような意識が働いています。

つまり、そのような視点で男の子は幼い頃から見られ続けており、**自分が周りからどのように見られているかを知っています。これが周りの目を異常なまでに意識する男性を作り上げるのです。**かわいそうな生き物ですよね、男って。

だからこそ周りの目が集まること、また認められることをこの上なく好みます。男の子、これが大好物です。

男の子は「認められることを好む生き物」です。だから、認めてあげてほしいと思います。**男の子は全員が「ほめられて伸びるタイプ」です。**反対に言うと「ほめてくれないと伸びません」。もっと言うと「ほめないと拗ねるぞ!」というややこしい生き物だとも言えます。面倒くさいでしょう。

ここで肝心なのは、**お母さんがほめたいことをほめるのではなく、男の子が求めているところをほめてあげてほしい**ということです。これは意外と難しいです。息子は自分のなにを、どこをほめてほしいと思っているでしょうか? 少し考えてみてください。女性には難しいかもしれませんが、男性はあまり悩まないと思います。それは**「自分」と「自分の良いと思っているもの」**この2つです。

「なんじゃそりゃ」とお母さんは思うはずですが、そうなんですから仕方がありません。

これは、「ほめる＝認める」という公式を作るとわかりやすくなります。男の子は承認欲求が強いです。「僕を見てー」いや「僕だけを見てー！　ほかのものはいいから」という、ちょっとしたアイドル気質です。自己中心的な感覚で、そのことを認めさせたいわけです。また、自分の選んだものや良いと思ったことも同時に認めてほしいのです。自分から派生するものすべてを認めてほしいのです。自分と、自分が選んだものを同時にほめられたいのです。

　だから、自分の作ったものや捕ってきた虫などを、猛烈にアピールします。自分だけでなく、「こんなことができる俺ってすごい！」ということを認めさせたいのです。そのための成果物として、工作の品々や採集された無数の虫たちが存在するのです。こうして男の子のプライドを保つためだけに、今日もたくさんの虫が捕まえられているのです。

息子の良いところ、
10個あげられますか？

「ほめて育てましょう！」

最近よく聞くフレーズです。もちろん、ほめることはとても良いことだと思います。それではお母さんは、男の子をうまくほめて育てられているのでしょうか。これ、たぶんあまりうまくいっていないと思います。ここには、大きな理由が2つあります。

ひとつはお母さん自身が、あまりほめられた経験がないということ。これまでの日本の子育ては、親が絶対的な存在で子どもは親の言うことを聞く存在でした。

つまり、親の望むように行動することが一番の価値観であり、それ以外はあまり評価されないのです。この価値観では「親の指示に従う＝当たり前」と、とても従順な子ども像が求められています。

そうなると、子どもたちがなにかをしてほめられる、ということが起きないのです。基本的に親の言いなりなのですから。反対に「親に逆らったり、言うことを聞かなかったりする子どもは悪い子ども」という感覚でした。こうした価値観の中で育ったお母さん自身がほめられた経験が少なく、息子

のなにをどうほめたらよいのかがわかっていないのです。

　もうひとつは、特に男の子に顕著な例です。ほめるところが、どうにもこうにも見当たらないのです。これ、大変ですよね。

　お母さんは一生懸命に息子の良いところを探すのですが、「どうもうちの息子はほめるところがない」という結論に達してしまうのです。残念ながら、こうなるとほめることなどできません。叱ることは山のようにあるのですが。このどちらも大変ですね。

　だから多くのお母さんは、男の子をほめることが下手なのです。

　「息子さんの良いところを今から10個あげてみてください」

　これは僕が講演会などでよくする、ワークのひとつです。どうですか？　10個思いつきますか？

　いろいろな場面でやっていますが、すぐに10個思いつく人の方が少ないです。何人かの男の子のお母さんは「先生、うちの子ほめるところがひとつもないのですが、大丈夫でしょうか？」とおっしゃいます。思わず笑ってしまいます。

　ほめるところがひとつもないことは決してないのですが、**お母さんは息子との距離が近過ぎるがゆえに、息子のことが一番見えていないのかもしれません。**

それと、もうひとつ。多くのお母さんは子育て経験が豊富なわけではありませんし、最近は周りにも幼子があまりいません。とても狭い経験、知識の中で「子ども観」を養います。子ども観とは「子どもの見方」あるいは「子どもって、こういうもの」という感じ方です。それが間違っているとまでは言いませんが、非常に限定的で理想的な感じになっています。

　子どもってそんな単純な生き物ではありませんよ。1人ひとりが多様で、生きるパワーに溢れています。それは時として大人とは違う価値観や行動、志向になります。けれど、それが子どもの素晴らしさです。お母さんの理想的な子ども像を押し付けるのではなく、一度それを捨てて**その子らしさを見つけてあげてください。**

　「ご飯を食べるのが早い」とか「逃げ足だけは抜群」「泣いたと思ってもすぐに笑う」など、お母さんからしたらどうでもいいことかもしれませんが、それもその子らしい素敵なことだと思います。そんなところを見つけてください。

第4章

ほめフレーズ
のポイント

❶ 大げさに、自分の言葉でほめる

　男の子は、愛されることとほめられることを、全身全霊で
受け止めたいと思っています。

　だからほめてあげるときは、ちょっと強めで大げさな感じ
を演出してあげてください。照れたりはするのですが、心の
中では意外と喜んでいると思いますよ。「やめろよー、はず
かしいから。でへへへー」という感じでしょう。

　そもそも子どもたちはまだ成長の途中で、人の気持ちの機
微をうまくつかめません。だから「お母さんの想いや気持ち
を察しなさい」という願いはちょっと難しいと思います。ま
た特に男の子は、その辺りの想いをはせるということが下手
くそですね。

　そう思うと、この大げさな関わりは「ほめるとき」だけで
なく、お母さんの想いを男の子に伝えるときに有効になりま
すね。「うれしさ」「悲しさ」「怒り」「応援」など、お母さん
の気持ちや想いを男の子に伝える場合は「言わなくてもわか
るわよねー」という感覚はやめておきましょう。きちんと伝
わるようにするには、やはり自分の言葉でしっかりと伝える

ことが大切です。単に大げさにするだけでなく、気持ちの大きさを形としてうまく伝えるために、大げさなやり方が有効であるということです。気持ちを込めずに形だけ大げさでは、ダメですから気をつけてください。それは単に"わざとらしい"だけです。

❷ 表情もセットで意識する

　もうひとつ、ほめるときに気にしてほしいことがあります。基本的にほめるのは、言葉によってほめることが多いと思います。そのときに、同時に表情も使ってほめてほしいのです。

　「表情を使ってほめる」とはあまり聞かない表現ですね。しかし、男の子と関わるときには重要な視点です。

　子どもたちは幼いときから、保護者を中心とした家族の中で育ちます。特に赤ちゃんは言葉がわからなくても、いろいろな関わりを通じて情緒的な交流ややり取りをしています。それが人と人との関係の基本となります。赤ちゃんが一番手がかりとするものは、周りの人の表情です。別の言い方をすれば、人は人の表情を介して交流し、表情により人との関わり方を学ぶのです。

　男の子たちも当然、お母さんの表情をどんなときも気にして、いち早く反応します。ほめるときは言葉を使いながらも、それ以上にお母さん自身の表情を意識してください。それが一番わかりやすいのは、笑顔であり、受け入れる柔らかさのある表情でしょう。いくら言葉でほめていても、全く視線が

合わない、頬がこわばっているなどでは、その言葉は通じません し、子どもたちは混乱するでしょう。「言葉と表情の一致」を意識してくださいね。

❸ シンプル・プロセスを心がける

大げさに表情をつけてほめるのは良いですが、そのときにあまりに長くなったり、修飾語が多くなり過ぎたりしないように気をつけましょう。いろいろなことを言い過ぎると、自分がなにをほめられているのかがわからなくなってしまいます。

ポイントはお母さんの気持ちを、ダイレクトに伝えることです。メッセージのシンプルさが、よく伝わる秘訣です。

「ありがとう」「うれしかったわ」「びっくりした」「感動したよ」など、飾り気のない言葉ですが、気持ちの本質をよく表しているものだと思います。ぜひ、このようなシンプルな言葉、男の子がわかりやすい言葉でほめてあげてほしいです。

そしてもうひとつ、プロセスについてもほめてあげてください。ついつい結果ばかりに目が行きがちになりますが、結果につながっているプロセスこそ重要です。

たとえば、運動会のかけっこで1位になったとしましょう。どのようにほめてあげますか？

「すごいねー、一番早かったよ！　1位だったよ！」これ

はとてもわかりやすいですね。結果をほめる。これもとても良いことです。

　それと同時に、「いつも一生懸命練習していた成果が出たね、よく頑張ったね！」とプロセスもほめてほしいのです。これらをほめることは、男の子のそれぞれの行動の肯定感につながります。結果も大切ですが、結果は時の運にも左右され、必ずしも自分の思い通りにはなりません。

　しかしプロセスや努力は、これから生きていく上でとても大切な能力です。一緒にほめると、プロセスや努力を子ども自身が大切にするようになるでしょう。

ほめフレーズ

ほめ言葉は、お母さんの想いを乗せることで、より具体的に息子の心に届く言葉になります。物事の価値観や判断基準もほめ言葉で養うことができます。

✖ すごいね

⚪ ○○が良かったよ

使いがちなフレーズですが、なにが「すごい」のかがわかりづらく、子どもにとっては抽象度が高過ぎます。もう少し具体的にほめてあげてほしいものです。なんでもかんでも「すごいね」で終わらせないように心がけましょう。

✖ 100点取ってえらいね

⚪ 勉強頑張っていたからねー

結果だけに目を奪われないでください。100点より上はないですが、努力や取り組みの姿勢といった意欲やプロセスに限界はありません。その点をほめてあげましょう。さらなる向上が期待できますよ。

✕ やればできるじゃない

◯ できると思ってたよ

　良かれと思って言っていても、✕の言い方には嫌味な視点が加味されています。後出しジャンケン的な感覚です。そうではなく、肯定的に「あなたのことを信用していたよ」と伝えましょう。

✕ 言われなくてもやってね

◯ よく気づいたねー

　せっかくなにかに取り組んだ男の子の行動を頭から否定する言葉です。次へのモチベーションも下がりますし、その行為自体も否定された気持ちになります。行為よりも姿勢や気づきを認めてあげましょう。

✕ 今度は○○もできるようにならないと

◯ 今すごいことしてるよ！

　「今度は」では、時間軸がずれています。未来は現在の積み重ねの先にしか存在しません。「今」を意識してほめてあげてください。期待値が高いと、ついついこれからのことばかりに目が向いてしまいがちになります。

✖ このくらいはできて当たり前

⭕ 上手になったね

　✖のフレーズは、男の子の頑張りや想いをすべて無にしてしまいます。お母さんからすれば当たり前のように思えますが、それに取り組んだ姿勢や努力はとても素晴らしいことです。その進歩の幅や良さを認めてあげましょう。

✖ 昨日はありがとう

⭕ （その場で）これしてくれてありがとう

　男の子に「昨日」は遠過ぎます。昨日と言われても「昨日ってなにしたかな？」ぐらいにしか思っていません。その瞬間やタイミングを逃さずに、ほめて認めてあげましょう。彼らに過去は存在しません。

✖ いいことしたね

⭕ お母さんはうれしかったわ

　自分の行動に意味づけをしてあげるのは良いことです。意外と男の子はその意味に気づいていませんから。そのときには漠然とほめるのではなく、しっかりとした親子の関係性の中で具体的にほめてあげましょう。

✕ あとはここができればいいんだけど

◯ そんなことできるようになったんだ

　息子にとって、お母さんは余計な注文が多過ぎます。期待を込めているのはよくわかるのですが、シンプルにその事象や出来事、努力をほめてあげてください。未来を求め過ぎると、いつまでたってもほめられませんよ。

✕ 頑張りなさい

◯ よく頑張ってるねー

　「頑張る」のは男の子であって、お母さんから命令されてするものではありません。他人からの命令には、一瞬努力するふりはしますが、継続はしません。男の子自らが主体となれるように応援や励ましが大切です。

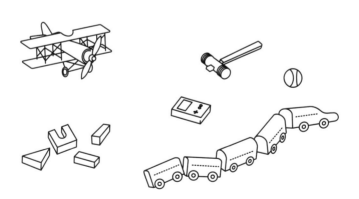

第 **5** 章

毎日の生活が変わる
「しつけフレーズ」

口うるさく言いそうになったら、「人・モノ・コト」を入れて一呼吸置く

　ここまで、男の子への対応や関わり方について書いてきました。ここでは少し視点を変えて、お母さん自身について考えてみましょう。

　お母さんはどんな性格ですか？
　「落ち着いている」「大人しい」「丁寧」「おっとりしている」「控えめ」など、いろいろな答え方がありますね。
　たぶん昔はそうだったのでしょう。ただ、子どもができて、それも男の子が生まれたことで、これまでの自分ではない、自分の新たな一面に気がついたのではないでしょうか？　上に書いた性格を子どもが生まれても維持できているお母さんは、たぶん「女の子のママ」なんでしょうね。男の子のお母さんは「声が大きい、反射神経が良い、力持ち、いつでもダッシュ」など、もうすでにかつての性格ではないですからね。

　子どもの性別や性格、年齢などによって、お母さんの性格や行動も大きく変わってきます。特に男の子のお母さんは、なぜか常に全力で、また声が大きい気がします。相手は"やつら"ですからねー。こちらも手が抜けませんし、いつも緊

急事態です。ある意味、精一杯でパンパンの生活を送っています。楽しいとは思うのですが、いろいろなことが重なったりうまくいかなかったりすると、それはそれでストレスになりますし、イライラすることもままあります。

そしてとても残念なことに、そのタイミングで必ず男の子はいらんことをします。お茶をこぼします。プリントを忘れます。下の子をいじめます。

その瞬間、お母さんのスイッチが入ります。

「なにしてるのー！」

まあ順当なところですね。けれど、そのあとしんどくなりますよね。息子を叱ったあとって、なんだかとっても嫌な感じのものが、喉の奥からこみ上げてくる感じがしませんか。

「あそこまで言わなくてもよかったのに」

「もう少し別の言い方があったかも」など。

後悔先に立たず、でどうしようもないですね。お互いが辛いです。もちろん、男の子がダメなことをしなければよいのです。しかし、これは難しいですよね。子どもは日々失敗を積み重ねることで、成長できるのですから。人の営みが始まった太古の昔から、こうやって人は成長しているのです。

子どもは、失敗が許されている唯一の存在です。だから、男の子たちに「我慢しなさい」「変化しなさい」「いい子になりなさい」と言うのは、ちょっと違う気がします。

では、どうすればいいのか？　ここはひとつ大人の余裕を

見せてほしいです。時々2歳児ぐらいと本気で言い争っている保護者の方をお見かけします。そうではなく、男の子に花を持たせつつも、全体のコントロールや意識づけはお母さんがしっかりとしてほしいです。

　たとえば、叱りそうになったり、声を荒らげそうになったりした場合でも、怒りを感じている自分を意識して**一呼吸置いてみましょう。深呼吸でもいいですし、ほかの誰かと話をしたり、今の気持ちを伝えるだけでもいいです。子どもと自分の間に意識的に、人・モノ・コトを入れる**のです。それにより、**自分の気持ちをうまく抑えたり、流したり、コントロールしたりすることができる**のです。子どもに求める以上のことを、自分を中心に家族で共有したり、話し合ったりして助け合ってほしいです。

　決してお母さんはひとりきりではないですよ。味方はたくさんいるはずです。

「いつも片付けられない」には
"お膳立て"が必要

　女の子のお子さんだけのお家に遊びに行かれたことはありますか？　なんだか「男の子のお家」といろいろと違う気がしませんか？　単なるイメージですが、良い香りがする雰囲気です。それに比べて、男の子のお家は汗臭い感じですね。うちなんか3人いましたから、たぶんいろいろな異臭がしていたと思います。

　また、女の子のお家は、部屋の中が片付いているというか、整然としているのです。男の子のお家は、必ずシールがどこかに貼られていますし、シールを剥がした跡も残っています。ひどいときは、壁やタンスにダイレクトに落書きされていますからね。ちょっとしたストリートの風景です。同じ歳の子どもなのに、なぜか全く雰囲気が違うのです。違い過ぎるのです。お母さんの雰囲気もそういえば、心なしか違う気もしますね。これ以上は怖くて言えませんが……。

　とにかく男の子がいると部屋の中、家の中が片付きません。なぜなら息子が次から次へといろいろなものを出してくるからです。この「次から次に」は、2つのパターンがあります。

①じっくりタイプ

　電車や車、怪獣、ヒーローなどが好きな男の子は、その世界観を楽しむために「自分の世界」に没頭していきます。それはそれで素敵なことなのですが、その中で現実世界と自分の脳内世界の混同が始まります。リアルとファンタジーの融合です。

　すると、遊びの範囲がどんどん広がっていきます。とめどなく広がりますし、どちらかというと脳内優位なので、リアルを勝手に解釈したり、自分の都合の良い形に使ったりします。鉄道の模型でも、最初は短い線路だったのが、だんだんと拡大していき、廊下、台所、お風呂、トイレなど、足の踏み場もなくなるほど広がります。その上、本人はリアルに運転手の気分に浸っているので、場所を変えたり、動かしたりすると烈火のごとく怒ります。「勝手に線路動かしたら、ダイヤがおかしくなってみんなが困る！」こんな感じですね。もう言いがかりも甚だしいです。ダイヤの前に家の中がおかしくなってしまいます。

②散らかしタイプ

　「じっくりタイプ」とは反対に、ひとつのことに集中せず、次から次へと目についたものを気分次第で手に取り、遊んでは飽きて、また次のものを探すタイプです。このタイプ、当然ですが出したものを片付けたりなんかしません。関心の時間と幅が短くて狭い感じですね。いわゆる「飽き性タイプ」です。

　この男の子の通ったあとは、ちょっとした竜巻の通ったあとのようです。ありとあらゆるものが散乱しています。途中から「散らかすことを遊びととらえているのか？」と勘違いするほど、ひどいです。本人はたぶん、なにかおもしろいもの、楽しいものをひたすら追い求めているのでしょうが、はたから見ると"ゴジラ出現"みたいな感じです。これは自分の思っているものと現実のものとの差を大きく感じているのでしょう。視覚優位な感じで、いろいろなものにすぐに目がいってしまい、落ち着いて遊ぶことができにくいのだと思います。

　①・②両者ともに片付けとは程遠いですね。だからといっ

て、遊びっぱなし、放り出したままではダメです。そのまま
では結局片付ける習慣や意識がないままに育ってしまいます。
お父さんもどちらかというと、その傾向にないですか？　服
は脱いだまま、食べたものは置いたままになっていません
か？　これも幼少期に育ちの中で身につけられなかったので
しょうね。残念です。

　こんなときは、いくつかの具体的な方法が必要でしょう。
　**片付けも含めて遊びにするということと、次の遊びをワク
ワクできるように片付けることが良いという価値観を育むこ
と**です。それは、男の子がひとりで片付けを完璧にするとい
うこととは違います。
　「あとで一斉に片付けすればよい」と、効率を考えてしま
いがちですが、そうではありません。少しだけ、小さなもの
だけでもよいので、お母さんと息子と一緒に片付けをして、
「キレイになったねー」「気持ちいいねー」「また遊びたい
ねー」という感覚を育ててほしいのです。
　お母さんの大切にしたい価値観の共有、これが片付けだけ
でなく、しつけの大きな基本となります。

「寝ない」のは
元気があり余っているから

　男の子に限った話ではありませんが、子育ての３大悩み事は「寝ない、食べない、出さない」でしょうね。ほかにもいろいろとありますが、初めての子育ての場合は、子どものすべてがわからないことであり、また悩んだり戸惑ったりします。けれど、それでいいんだと思います。

　「わからない」ということは、子どもへの関心の表れですし、子ども１人ひとりの個性や性格、環境によって子どもの育ち方はさまざまに変わります。**子育てには明確な正解やゴールはありません。**社会では情報が溢れかえっていますが、基本的には、**お母さんの思うように育てたらいいのです。**もちろん手をあげたり、極端に子どもを苦しめたり、傷つけたりしなければ、ですが。

　子育てとは、親の価値観を押し付ける営みです。「押し付ける」と言うと、なんだかひどいことのように感じますが、それでよいと思います。お母さんも自分の父親、母親、家族、先生、社会からいろいろな価値観を押し付けられてきたと思いますが、それらすべてを引き受けてきましたか？　もちろんそれぞれに感じたり、引き受けたり、受け継いだ部分はあ

ると思いますが、それらすべてを自分の中で取り入れること
はできません。

つまり、周りがどんなことを言ったり、求めたりしようが、
最終的にそれらを決めるのは子ども自身なのです。
　だから、**子どもには、親の言うことを聞く子に育てるので
はなく、自分でなにかを選び・決める力を高めてあげる方が
よいのです。**いくら価値観を押し付けても、ダメなものは受
け付けないし、何気ない生活から大切なことが伝わることも
たくさんあります。お母さん自身、これまでの自分を振り返
って考えると、よくわかるのではないでしょうか。
　だから、子育てのいくつかの悩みも、そのタイミングで一
生懸命に考え、対応すればよいと思います。すべてがうまく
いかないかもしれませんが、そのときの親の想いや考え、息
子を大切に思う気持ちは伝わりますから。

それを前提としながらも、「寝ない」の悩みには解決のポイ
ントがあります。
　お母さんは、寝なくても大丈夫ですか？　朝早くから夜遅
くまで仕事や家事・育児をしていると、一刻も早く寝たいと
思いますし、「朝がこないでー」と感じるときもありますよね。
　基本的に「寝ない子ども」「寝付きの悪い子ども」って体力
があると思いませんか。つまり、元気なんです。寝なくても、
大丈夫なわけです。寝ないままでも、保っているわけなんで
すから。

「寝る」に関してのポイントは、そのときだけの判断をしないことです。「寝る」ことは、その日丸１日、前日、２〜３日前の生活のリズムと大きく関係しています。昨日寝ていないと今日は眠いですし、またお昼寝やうとうとするタイミングなどによっても変わってきますね。「夜寝なくて困ります」というご相談には、「昼間や１週間の活動の意識化」を勧めますし、体力があるということは「まだまだ動き足りない」のです。今までの２倍、３倍の活動量を意識しましょう。これ、なかなかに大変ですよ。お母さんが先にバテてしまいます。それでもしっかりと動くことで、成長もしますし、良い眠りにつながります。ぜひ、頑張ってくださいね。

「ご飯を食べない」のは
お腹が空いていないから

　先ほど３大悩み事として挙げましたが、食事についても悩むお母さんが大勢いらっしゃいます。結局ご飯を食べない原因は、お腹が空いていないということです。この飽食の時代ならではの問題です。手を伸ばせば、いろいろなものが揃っていますし、味付けも多種多様です。これ自体は素晴らしいことであり、豊かな社会の恩恵です。しかし、その分選択肢が多くて、細かい違いや差異にこだわることが多くなってきました。

　たとえば、お母さんはどんなパスタが好きですか？　それはいろいろな答え方ができますよね。まずは、パスタの形態があります。「スパゲッティ、ペンネ、マカロニ、ラザニア」などいろいろとあります。また、味付けもたくさんあります。「ペペロンチーノ、ホワイトソース、トマトソース、和風味」など、これらの組み合わせは何百通りも考えられますね。
　僕は 1968 年生まれで現在 52 歳です。僕が幼い頃には、こんなにたくさんの種類のパスタはありませんでした。パスタと言い出したのも、20 歳を超えてからですね。幼い頃近くの食堂には「スパゲッティナポリタン」と「ミートスパゲ

ッティ」しかありませんでした。だからといって「メニューが少ない」とか、「ほかのものを食べたい」とか思ったことはありませんでした。いつも美味しくミートスパゲッティを食べていました。幸せな時代でしたね、今思うと。貧しいとまでは言わないまでも、社会全体が今のように多種多様なものが溢れていたわけではなく、そのときあるものの中で十分に過ごせていたのです。

そのように考えてみると、今の子育てはとても恵まれた環境や状況の中で行われています。離乳食のメニューや食材はたくさんありますし、健康志向の中でより安全で、赤ちゃんに良い食材を使ったものなども見られます。また、お母さんが作らなくてもレトルトや瓶詰の調理されている離乳食も豊富にあります。

けれど、その分いろいろな情報や社会環境の変化などが、子育てを息苦しいものにしています。食事などはその最たるものでしょうね。そんなときはあまり難しく考えずに、基本に戻ってみましょう。**そもそも食事は人が生きていくために絶対に必要なものです。食べるという行為は、そのまま生命の維持活動に必要なものです。**

同時に食事の嗜好（しこう）は、生まれ持ったものと、その後の環境との両方の影響を受けます。アレルギーなどを考えるとよくわかると思います。個人の努力や取り組みで、すべてが解決するわけではないのです。

つまり、食事は「個性と個人差が大きい」ものなのです。だから、食べないことでお母さんが自分を責めたり、息子を叱ったりする必要はありません。ただし、食べ方や食事のマナーは、きちんと教えることはできますよ。

　食事の最大の調味料（美味しく食べる秘訣）は、間違いなく空腹です。 お腹が空いているときに、一番食指が動きます。あまりご飯を食べない子どもは、基本的にお腹が空いていないのでしょうね。だから、お腹が空くようにすればよいのです。

　ひとつは食事全体の感覚や、寝るときと一緒で、１日の生活のリズムの改善です。

　もうひとつは、しっかりとした運動です。スキーをしたあとに食べるカレーが美味しいのは、スキーというハードな運動のあとに食べるからでしょう。値段が高いということも影響しているのかもしれませんが。

　男の子たちの運動量をお母さん、少しなめていませんか？彼らは今の３倍動けますし、動かしてほしいのです。なかなかお母さんひとりでは大変でしょうから、運動系の習い事をする、友達としっかりと遊ぶ、お母さんがどこかに連れまわす、などいろいろな方法を使って運動量を増やしてあげてくださいね。お母さんのダイエットのためにも！

モノで釣るのは
しつけではない

　男の子のしつけは、なかなかに苦労するものです。しつけは漢字では「躾」と書きます。意味は字のごとく「身を、美しく」です。人と人が生活をする集団や社会において、他人に不快感を与えない、あるいは気持ちの良い所作や行動、マナーやモラルをきちんと守る、そうした立ち振る舞いや心構えだと言えます。

　男の子を育てるときには、

◆ 自分のことは自分である程度できるようにする、という自立の視点
◆ 人に迷惑をかけない、という社会性の視点

　この２つの視点でしつけを考えると、わかりやすいでしょうね。そして男の子はこの２つがどちらもとても苦手です。だからお母さんとの戦いが延々と続くのです。常にお母さんが息子のことを見て、大きな声であれこれ言い続けなくてはなにもしませんし、動きません。そして最後には「いい加減にしなさーい！」とブチギレて終わります。毎日このくり返しですね。こうなると悪いパターン化していますね。お互い

にこの関係性と、パターンから抜け出せない感じです。「もうどうしていいのかわからない！」と思うことでしょう。

　しつけの元々の語源は、和裁の「仕付け糸」です。着物や服を作るときに、形を決める前の仮縫いのときに使う細くて弱い糸です。きちんとした形を作るために、様子を伺いながらとりあえず縫うために使うのです。最終的にきちんと形が決まり、本縫いの際にはその「仕付け糸」は切って捨てられてしまいます。最初から捨てられることが決まっている糸なのです。

　これって男の子のしつけに似ていると思いませんか？　仕付け糸の特徴は、柔らかく細くて切れやすいということです。つまり、いきなり本縫いで形を決めてしまうのではなく、そのあとの調整や変更が効くようにとりあえず、で縫う。
　子育ても同じで、男の子の成長の方向性や個性には無限の可能性があります。最初の数年でその子の人生や性格なども、絶対と決める必要はないでしょう。あとで全体のバランスを見て、変更し、余裕を持ってしつけることが大切なのではないでしょうか。そしてきちんと形が決まった時点で、しつけ糸は切り捨てられます。なんだか少し悲しい気持ちもしますが、それでよいのだと思います。あとは自分の形を持って着物も、子どもも社会に出て行くのですから。

　少し先を見据えた子育てやしつけができないと、目前の姿

だけにとらわれてしまいます。「とにかく今どうにかしないと」「目の前の危機を脱しないと」という短絡的な対応のひとつが、「モノで釣る」という行為でしょう。

「ピーマン食べたら、アイスあげる」「今静かにしてくれたら、お菓子買ってあげる」「ママの言うこと聞いたら、お外に行ってもいいよ」などです。なんとなく、罪悪感を抱きながら使ってしまうフレーズです。これにも人によっていろいろな意見があります。僕自身は使ってもいいと思いますよ。男の子との関わりのいろいろなパターンのひとつとして、とらえればよいのではないでしょうか。

　ただし、多様性の中のひとつの方法ということを忘れないでください。常に「モノで釣る」で男の子をコントロールすることは避けてくださいね。

　ここには大きな問題が2つ存在します。

　ひとつは、その方法ばかり使っていると、今度はモノがないと動けない子どもになる可能性があることです。

　もうひとつの問題は、モノのご褒美は、だんだんと要求が高くなる傾向にあるということ。いつも同じものでは、やがて動かなくなります。

　この2つが起きると、しつけとはちょっと違うものになってしまいますね。これでは「アルバイト」に近いイメージになってしまいませんか？　そのような視点は、生活の中には基本的に必要ないはずです。だから時々効果的に使い、お互いが気持ちよく過ごせる程度にとどめておきましょう。

第5章

しつけフレーズ のポイント

❶ 「かっこいい！」「強い！」でその気にさせる

　生活の場面は同じことのくり返しです。日々のことなので、お母さんもいろいろと言い続けること、やり続けることに疲れてしまいます。また、それらの行動はルーティーンとなりがちです。本当はそれでいいんですけどね。日常というのは変化があまりなく、これから起きることが予想でき、その見通せる安定性が一番大切なことです。毎日なにが起きるかわからないという、非常事態の中では落ち着いた生活などできるわけがありません。

　その毎日の中で息子と生活し、関わっていくことはなかなか大変ですよね。息子はかわいいけど、いちいち面倒くさいのです。1つひとつにこだわりがあったり、自分が中心でないと気が済まなかったり、お母さんにとってどうでもいいことに引っかかったり、つまずいたりします。

　だから男の子がその気になる「キラーフレーズ」を考えてみましょう。もちろん1人ひとり違うこともありますが、まあ大体の男の子はこれでいけるでしょう。それは「かっこいい！」です。見た目のかっこよさと、行動や気持ちのかっこ

よさと両方を包括する言葉ですね。

男の子は周りの目をいつも意識しています。自分が周りの人からどう見られているかを、理解しています。だからこの言葉には敏感です。

それともうひとつは「強いねー」です。これは力や態度、行動、そして心の強さですね。もちろん男の子だけに必要なものではないですが、戦隊モノやヒーローモノの中に出てくる憧れのキャラクターに付随している能力です。これも大好物。この2つをうまく使ってください。

❷ 恐怖心をあおっても息子のためにならない

息子にはいろいろと正しい行動や意識を身につけてほしいと願うのが、親というものでしょう。しかし、現実は理想と大きくかけ離れていきます。男の子は全く言うことを聞きません。そして、社会の正しいことを一切身につけようとしません。

そのくせダメなことは、教えもしないのに着々と身につけていきます。すぐに道に座ったり寝転がったりする。落ちているものを拾う、石を蹴る、ものを投げる、唾を吐く、大きな声で叫ぶ、服を脱ぐなど。やめてほしいことだらけです。

また、それに敏感に反応するお母さんの様子を見てはうれしくなり、ますますひどくなったり、激しくなったりします。やめさせようとすればするほど、逆効果のときがありますね。

そんなときにお母さんはどうしますか？　いろいろと方法

はあると思うのですが、そのひとつに「脅す」があります。これはあまり使わない方がよいと思います。たとえば「静かにしないと、おばけが出てくるよ」「ご飯食べないと、狼に食べられるよ」という感じです。もう少し大きくなると「勉強しないと、将来困るよ」。これも同じですね。

つまり子どもの恐怖心を利用して、行動をコントロールするやり方です。この恐怖による行動は、男の子からすると自分の意思で行うものではありません。仕方なく、嫌々するものです。これは全く身につきませんし、次の行動に結びつきません。不真面目な態度に対して使いたくなる気持ちは痛いほどわかりますが、もう少し別の作戦を考えましょう。

❸ 下品な行動は軽く受け流す

男の子たちはダメな言葉を使いたがりますね。その代表的なものが「ちんちん」と「うんち」です。これ、本当にひどいです。「ちんちん、ちんちん」と言って走り回ったり、「わーうんち!」と大きな声で叫んだりします。本人は楽しそうなのですが、自分の息子だと思われるお母さんは恥ずかしい思いをします。こんなときは、すぐにやめさせたいですよね。

「こら、そんなこと言わないの。ダメでしょー! やめなさい!」と少しきつめに叱り、やめさせようとします。それで男の子はその言葉を使うのをやめるでしょうか? 答えは、決してやめません。もっと言うと、激しくなります。お母さ

んからすると、よけいに辛い場面に突入してしまいます。

　男の子たちはこのいけない言葉の意味はよくわかっていますが、お母さんの反応によろこび、エスカレートしていくのです。つまりお母さんがやめさせようとテンションを上げることで、より一層男の子たちの行動を奨励してしまっているのです。残念ながら。

　こんなときは、無視してください。お母さんの反応が楽しいということは、全く反応しなければ楽しくないし、意味をなさないのです。だからこのような下品な行動や、やめてほしい行動を取ったときには過剰に反応したりせず、軽く受け止めて受け流してください。気持ちは「あなたのことなど私は相手にしていませんことよ、オッホッホッ！」というくらいおおらかに構えましょう。男の子たちからすると、これは凹みますし、意味のないことだとわかれば、それ以上はしません。

しつけフレーズ

生活のさまざまな場面で必要なしつけ。正しい行動を促すきっかけになる「伝わる」言葉を使いたいですね。

✖ 早く寝て

⭕ 一緒に寝ようか

「早く」というフレーズは、大人の都合が優先されるときに使われることが多いです。忙しい毎日では仕方ありませんが、時々は余裕を持って「一緒にする」「ゆっくりする」などの視点や言葉を使ってあげてほしいです。

✖ 食べなさい

⭕ これ食べられるかな？

食べ物の好き嫌いや食べるスピードは、子どもによって本当にさまざまです。大人でも多様です。それを一律に強制されるのは、結構辛い気持ちになるはず。主導権を男の子に少し渡しながら、いろいろと工夫をしてみましょう。

✖ 好き嫌いしない

◯ どれが美味しいかな？

「好き嫌いしない」っておもしろい言葉です。嫌いなものだけでなく、好きなものもダメってことですか？　食事は本来楽しいことです。嫌なことや感覚を押し出すのではなく、楽しい時間にできるような言葉かけを心がけたいですね。

✖ そこじゃない

◯ よく見てごらん

男の子はいろいろなことをわざと間違えているわけではありません。たぶん、本当にわからなかったり、迷っていたりしているのです。必要なのは非難ではなく、励ましです。自分でできるようにアドバイスをする感覚が大切です。

✖ 先に言って

◯ 今どうしたいかな？

出かけようとした瞬間にかぎって「おしっこ〜」とか言いますよね。これ、本当に困ります。怒りたくなる気持ちもわかりますが、怒ったところでどうなりますか？　自分の意見を引き出すチャンスととらえましょう。

✕ どうしてできないの

○ 難しかったねー

　できることを前提に話をしていませんか？　大人と子ども
は違います。どうしてできないのかは、本人にもわかりませ
ん。そこを責められても返事のしようがないのです。共感の
姿勢で一緒に取り組みましょう。

✕ またー

○ 今からなにをするのかな？

　過去を引き合いに出してきて、今を叱る言葉の始まりが
「またー」です。このあとに肯定的な言葉は絶対出てきませ
んからね。けれどもしかしたら、今から彼らは変化するかも
しれません。今を信じてあげましょう。

✕ 汚い

○ それどうしたいの？

　男の子は汚いものが大好き。そもそも汚いと思っていませ
ん。お母さんの価値観とは全くの正反対ですね。汚いものが
男の子にはキラキラとした大切なものに見えているのかも。
そんなときは、本人がなにをしたいのかを確認します。

✕ じっとして

◯ 今は我慢できる？

　静かにしてほしい気持ちもよくわかりますが、男の子には一番難しい言葉かけかもしれません。自分の意思とはほぼ無関係に、自然と体が動いてしまうものです。我慢をやさしく説いてあげてください。男の子も努力は一応します。

✕ 静かに

◯ あとでお話ししようか

　いつもなにか言いたいのです。しゃべり続けて自分の世界を広げたいと思っています。だからずっと静かにすることはできませんが、あとで存分にしゃべることができるのなら、少しだけ我慢できます。

✕ 自分でしなさい

◯ ○○してみよう

　命令形で無理やりさせるのではなく、本人の意思を尊重して、自分から主体的に行動するように勇気づけてあげましょう。少しの力添えで、男の子たちは驚くほど頑張れるときがあります。

✕ 汚さない

○ キレイにしておいてね

　汚してもいいんです。そのあと自分の責任で片付けられるのであれば。少し先を見通した言葉かけを心がけてください。男の子は見通しが甘いですが、自分が片付けるのかと思うと、少しは遠慮しますよ。

✕ 鬼がくるよ

○ お母さんはそれはやめてほしい

　なにか別のものを使って男の子を脅す言い方「おばけがくるよ」「お父さんに言っちゃお」などは、虎の威を借る狐状態です。メッセージは、お母さん自身の想いや言葉で伝えてください。それが効果的です。

✕ 急ぎなさい

○ 自分でできる？　手伝おうか？

　お母さんのペースと息子のペースは違います。スポーツカーと三輪車ぐらい。三輪車がスポーツカーについていく、というのは無理でしょう。速い方が遅い方に合わせるのが、合理的です。慌てさせるのは逆効果でしょう。

✖ そのままでいい

⭕ どうしたらいいと思う？

　「そのままでいい」は一見肯定的な言葉のように思えますが、事態をこれ以上悪化させないための防衛的な言葉です。それを言い続けると男の子は自分で考えたり、判断したりしなくなります。冒険ですが、意見を聞いてあげましょう。

✖ 勉強しなさい

⭕ いろいろなことがわかるよ

　勉強は本来楽しいものです。自分が今まで知らなかったことを知り、わからなかったことがわかるのですから。そのような知的好奇心に働きかけをして、勉強本来の意味を伝えてほしいと思います。

✖ ご飯で遊ぶなら食べなくていいよ

⭕ ご飯は遊ぶものじゃない

　×の言葉は実は脅しの言葉です。本当に食べないと叱られますからね。言葉通りにとらえると、許可と命令の二重の意味があり、「食べなくてはいけない」という裏の意味を読み取らなければなりません。素直な言葉で伝えましょう。

✖ 間違ってるよ

◯ ……（無言で見守る）

きっとお母さんの方が正しいのでしょう。だからこそ致命的なことでなければ、ここはぐっと我慢して無言で見守りましょう。耐えられるところまで耐えましょう。それが成長につながります。

✖ そうじゃない

◯ そういうやり方もあるねー

男の子は失敗をしながら学び、成長するものです。失敗するには、いろいろな取り組みや挑戦が必要です。その姿勢を認めることで、さらにいろいろなことに取り組もうとします。そのときの意欲を大切にしてあげてください。

✖ 最後までしなさい

◯ もうちょっと！

最後までやりきる力は、今教育界で注目されています。これは適切な励ましで伸びるものなのです。最後の最後に叱責するのではなく、最後まで励ましと応援が必要でしょう。まずはお母さんが落ち着きましょう。

第 **6** 章

ちょっとしたことで
やる気を引き出す
「日常フレーズ」

「なりきり」で
してほしい行動を取らせる

　男の子にはいろいろな特徴がありますが、その代表的なもののひとつが「いちびり」でしょう。これって関西弁ですよね。もう少しわかりやすい言い方をすれば「おふざけが過ぎる」「バカバカしいことを進んでする」という感覚でしょうか。関西弁を標準語に翻訳するのは難しいです。「お笑い芸人の度を過ぎたおふざけやいたずら」と言えば、なんとなくイメージはつかめるでしょうか。

　僕もずーっとこれを言われ続けてきました。最近もまだ言われています。ややこしいことに関西では、それがほめ言葉になるのです。そう思うと関西人は全員が「男の子のノリ」みたいな感じがしますね。みんな声が大きいですし、やかましいですし、自分が中心の目立ちたがり屋さんです。僕が男の子本を書き続けている理由が、今わかりました。関西人だからです。

　そんな関西人とよく似ている男の子ですが、この特徴をうまく活用して、良い関係を築き、生活が少しスムーズになるようにしてみましょう。これはどうするかというと、まさに

その「いちびり」に乗っていくのです。もちろん「お母さん全員が関西人になれ」ということではありませんよ。そのような「ノリを使う」ということです。

　わかりやすい例として、男の子の変身願望があります。男の子は変身願望が強いです。特に戦隊モノや仮面ライダーなどのヒーローにハマると、ずーっと見続けていますね。そのうちに、雑誌についていた付録やさまざまなものを駆使して、変身グッズや武器を作りはじめます。男の子が考えることは本当にわかりやすくて、少し長いものを持つと剣にしますし、先の尖っているものはすべて銃になります。帽子はヘルメット、ゴーグルやサングラスは目を守るシールドになります。ベルトと時計は、本来の役割は忘れ去られ、変身のための道具になります。それらを一度身につけると長い間気に入っていますし、しつこいです。寝るときもトイレも、また外に出かけるときや幼稚園、保育所にもそれらをつけて行こうとします。それだけなにかに夢中になることは楽しいことですし、良いことです。だからその**ヒーローの気持ちをうまく使いこなすのです。**

　苦手な食べ物が食卓に並んでいれば「ヒーロー助けて！　にんじん星人をやっつけて！」と言って口の中に放り込みます。片付けや荷物を運ぶときは「お片付けが危ない！　ヒーロー！　お母さんと協力して、ごちゃごちゃ星人を倒して！」こんな感じである程度は進みます。そのときの男の子

の目を見てくださいね。遊びでないことがよくわかります。本気です。目がキラキラしています。

　もう少し大きくなってくると、それだけではなかなか通じません。そんなときは、お母さんの演技力がものを言います。お母さんが大げさにアピールしたり、息子に助けを求めたりしてあげてください。間違っても息子をバカにしたり、勝ちにいったりしてはいけません。相手は“正義のヒーロー”なのですから。

　お母さんは時には姫であり、かよわき町娘です。設定が古くてすみません……。そんなお母さんを正義のヒーローはきっと助けにきてくれます。「信じているからねー。お母さんが困ったとき、弱っているときには、助けてね」というメッセージを少し大げさに出して、息子に助けてもらいましょう。

　そしてそのあとには、必ず感謝し、称賛しましょう。きっと鼻の穴が少し大きくなって、満足感に浸ることでしょう。ここまですると、次につながります。結構演技力とタイミング、大事ですよ。お母さん、頑張って“女優”してください。

男の子は「とことん遊ぶ」を待っている

　息子の口癖はありますか？　なんだか最近の子どもたちはすぐに「しんどい」「退屈」「おもしろくない」とか言いませんか？　ちょっと驚きました。僕自身男の子でしたが、こんなことは幼い頃感じたことはなかったと思います。常に遊んで、悪いことをしていましたね。

　昔はゲームやパソコンなどもなく、今と比べると遊びのレパートリーは圧倒的に少なかったはずなのですが、1日中ずーっと遊び続けていましたね。毎日が楽しくて、しんどいなどと感じることも、言うこともなかったです。勉強はできませんでしたが、友達と過ごすのが楽しかったので、学校に行くことも好きでしたし、放課後もずーっと遊んでいましたね。どこで勉強していたんでしょうか？　全く思い出せないですし、していた記憶もないです。してなかったのかな？

　男の子の行動原理の柱は「遊び」です。これは「楽しい」という価値観に基づいています。楽しくない遊びは存在しませんからね。
　それともうひとつ、遊びには「余裕」という意味も存在し

ます。機械やハンドルの「遊び」や「芸に遊びがある」と言うときなどには、この余裕や隙間の意味で使います。遊びを中心として「楽しさ」と「余裕」、この2つを男の子と関わるときに意識をしてみましょう。

　まずはお母さん自身が楽しさを感じる、また楽しさの演出をします。男の子と競争をする、一緒になって笑う、彼らの空想の世界に付き合う、お母さんの楽しいと思うことに引き入れるなど、日常生活の中にも楽しさの要素はたくさんありますよね。

　そしてそれらを担保するためにも生活に余裕を持ちましょう。これは単に「お金がある」ということではないですよ。念のため。

　「余裕」の大きな要素は、時間と気持ちです。男の子の子育てや相手をするためには、それなりの覚悟を持ってください。家事や仕事など、しなくてはいけないことには十分に配慮をして、気持ちの余裕も持ちましょう。あとは「とことん遊ぶ」という感覚です。もちろん毎日いつでもということは、難しいですが、ある程度の間隔やタイミングで、息子ととことん遊んでください。この体験が男の子を大きく育てますし、お母さんとの関係性をより強く、良いものにしてくれます。

　日常生活の中で、お母さんの都合に合わせて短い時間だけ、簡単に遊ばされると、どうしてもフラストレーションがたまります。満足感がなかなか得られません。そういう意味では、

しっかりとメリハリを作り、生活のどこかで全力でとことん遊びに付き合ってほしいです。

　「お母さんは全力で僕と遊んで、僕の想いを受け止めてくれる人」ということを、体験を通して息子に感じさせてあげてください。

　そのような体験をベースにして、積極的に遊びの感覚を生活の中に取り入れてみてください。息子たちは驚くほど楽しく、そして明るく生活することでしょう。

　それはお母さんにとっても良いことですよね。息子がぐちゃぐちゃと不満を言い続けるのではなく、一緒に楽しく過ごすことができるのですから。少しの工夫ですが、遊びは生活の潤滑油です。

❶ 猛アピールには小さな声で

　男の子は声が大きいです。必要以上に大きく、次のように
アピールが過ぎます。

　「ねー、見てー。見てよー、聞こえてるー？　おーい、お
かあさーん！　ちゃんと見てー！」

　大好きなお母さんからの注目を一身に浴びたいのでしょう。
そして独り占めしたいのだと思います。その大きな声にお母
さんはどのように答えていますか？

　「もううるさい！」「はいはい、そんな大きい声出さなくて
も聞こえてますー。もうちょっと小さな声で、お話しし
てー！」これらの言葉をかけるとき、お母さんの声の方が大
きかったりします。

　会話というものは、コミュニケーションのひとつの形です。
相互作用的なものであり、相手の声が大きければ、こちらの
声も大きくなります。向こうのテンションが上がると、それ
に影響を受けてこちらのテンションも上がります。だからこ
そ、お母さんは男の子の声の大きさに、巻き込まれないよう
にしましょう。

大きい声に対して大声で返すと、今度はもっと大きな怒鳴り声が返ってきます。どこまでいっても終わりのない、不毛な戦いですね。そうではなく、男の子と逆の対応をとりましょう。男の子の耳元でとっても小さな声で、お母さんの想いやメッセージを伝えます。「普段と違う関わり方」「あなただけへのメッセージ」という感じですね。お母さんもいろいろな方法を試していきましょう。

❷ 「やってみたい！」にはできるだけ応える

　男の子はある意味根拠のない「自信の塊」です。そのひとつとして、すぐに競争をしたがります。

　「お母さん、ヨーイドンしよう」「お母さん、縄跳びどっちが長くとべるか勝負しよう」とお母さんにやたらと勝負を挑みます。これはお母さんのみならず、友達どうしでも同じです。なんでもすぐに競争を仕掛け、勝負になります。

　「おしっこどっちが遠くまで飛ばせるか勝負しよう」「牛乳早飲み競争しよう！」こんな感じですね。

　このとき彼らは、全員「自分が勝つ」と信じています。誰ひとりとして、自分が負ける姿を想像していません。だから勝負に負けると、猛烈に泣き出したり、キレたり、お母さんに八つ当たりをしたりします。心の準備ができていない、あるいは想定外なことだと思っているからです。そんなことはないのに。

　けれど、その自信となる意欲は大切にしてあげたいですよ

ね。自分自身の成功を信じているからこそ、いろいろなこと
に挑戦できます。それが「やってみたい！」という感覚です
よね。その想いや気持ちを、ぜひ大切にしてあげてください。

　このとき大切なのは、そのタイミングを逃さないというこ
とです。男の子が「やってみたい！」というとき、多くの場
合、それは突然始まります。予定や見通しなどなく、なにか
を見た瞬間、気づいたタイミングでぶち込んできます。お母
さんからすると、とても迷惑ですし、必ずしも対応ができる
わけではありません。それもよくわかりますが、それでもタ
イミングは大切です。なぜなら、その「やりたい！」という
タイミングを逃すと、次がこない可能性が高いのです。男の
子は気まぐれです。そのチャンスを逃さないようにしたいで
すね。

❸ 男の子のプライドを認めてあげる

　男はプライドが高い生き物です。お母さんからすると、と
ても面倒くさいのですが。息子だけでなく、お父さんを見て
いてもそれを感じると思います。「男の沽券が！」「男は負け
られない」「そんなことかっこ悪くてできない」。お父さんが
言いがちなこんなセリフは、まさにちっぽけなプライドにし
がみついた考え方や生き方だと思います。

　とはいえ、このちっぽけなプライドがあるから、お仕事を
頑張ったり、家族のために歯を食いしばって努力してくれた

りしているので、頭から否定しないようにしてくださいね。

　息子たちも男の一派なので、当然プライドが高いです。極端に失敗やできないことを恐れますし、避ける傾向にあります。苦手なこと、勝てないもの、自信のないものに対して、過剰に反応します。「そこまで嫌がらなくてもいいのに……」と思うほどです。お母さんからすれば、どうでもいいことのように思えるかもしれませんが、このプライドを大切にしてあげてくださいね。結構お母さんは男の子の失敗やミスを、ズケズケと指摘したり、なじったりします。あれ、男の子は傷ついていると思いますよ。表には出さなくても、拗ねてしまったり、自信をなくしたりしています。

　男の子の「自分はできる」「僕が一番！」という感覚を大切にしてあげてくださいね。面倒くさいのはよくわかりますが、そこでこじれると、そのあとその何倍も面倒くさかったり、大きく手間がかかったりします。まずは認めてあげて、その上でほめてあげてください。男の子はすごく喜びますから。単純なんです、男の子は。

日常フレーズ

同じ意味の言葉でも、フレーズ次第で伝わり方は格段に変わります。男の子のプライドを傷つけず、受け入れやすい言葉かけを心がけましょう。

✕ 連れていかないよ

◯ どうしたかったのかな？

　男の子に罰を与えようとするときの言葉ですね。なにかいけないことをしたとき、すべきことをしなかったときには、息子が本当はどうしたかったのかを尋ねてください。不要なトラブルを回避できます。

✕ 恥ずかしい

◯ かっこ悪くない？

　「恥ずかしい」のは誰でしょうか？　お母さんが恥ずかしいと思うのであれば、それは息子には通じませんね。本人はなんとも思っていないでしょう。男の子は見た目を気にします。そこを指摘してみましょう。

✕ みっともない

◯ それ周りの人からどう見えると思う?

　自己中心的な男の子たちは、客観的に自分を見ることができません。だから"見られていること"に気づかせてあげてください。自分の行動や姿のおかしさに気づけるかもしれません。

✕ そんなこともできないの

◯ おしいねー、もうちょっと

　お母さんの求めるレベルと、男の子が実際にできることのレベルは違います。もちろんお母さんが求めるものの方が高度です。そのギャップを責めるのではなく、お母さんが求めるレベルを下げましょう。

✕ 遅い

◯ 頑張れー

　男の子の時間感覚は、お母さんとずれています。「ちょっとだけ」が驚くほど長かったりします。だから「遅い」と言われても、お母さんの感覚は伝わらないでしょう。それなら応援する方が早く終わります。

✖ 今はそれじゃない

⭕ 今なにするときかわかる？

　男の子は取捨選択ができません。感覚は「全部」「ある・
ない」程度です。今すべきことの優先順位を自分ではわかり
ません。だからそれに気づかせる言葉かけが必要です。お母
さんがすべて決めてしまわないようにしましょう。

✖ せっかくなのに

⭕ 今がチャンスだ！

　男の子はタイミングが悪いです。「今じゃないのに」「そこ
じゃないのに」と感じることでしょう。ずれているのです。
せっかくのタイミングをぜひ、声をかけて教えてあげてくだ
さい。バンジージャンプを後ろから押すイメージです。

✖ なにその言い方

⭕ ほかの言い方できる？

　お母さんがカチンとする言い方で口答えをしてきますよね。
そんなときは、お母さんもケンカ腰になってしまいがちです。
しかし、そこで挑発に乗らないでください。言い方ひとつで
対応も変わります。

✕ すぐしない

○ 次のこと、ちょっと考えようか？

　男の子は思考と行動がほぼ同時です。考える前に走る、という感じですね。たしなめるよりも、考えることを優先するように伝えましょう。禁止しても、次の行動にはつながりません。次を意識させてください。

✕ 待ちなさい

○ もう少し待てるかな？

　命令形での言葉かけは、そのときはやめるのですが、根本的には変わりません。行動の変化を促すには、男の子の自主性を大切にしましょう。疑問形で決定権を男の子に委ねる覚悟と柔らかさが大切です。

✕ バカね

○ おもしろーい

　ダメなことやひどいことをしたときに使う、最上級の言葉ですね。関西では「あほちゃう」と言います。ここまできたらあきらめて、お母さんがおもしろがりましょう。たぶんこれ以上なにを言っても無駄でしょう。

✖ どこ行くの

◯ 今からどこ行くか教えて

　基本的な意味は同じなのですが、その聞き方や柔らかさに
は大きな違いがありますよね。言葉かけのおもしろさは、同
じフレーズでも声のトーンや強さ、イントネーションで、そ
の意味さえも変わることです。そこも意識してください。

✖ 口答えしない

◯ お母さんのお話聞いて

　「口答えしない」と言われると、会話自体をすべて遮断さ
れてしまい、なにひとつ言えなくなってしまいます。目の前
でシャッターを降ろされるイメージですね。相手を抑え込む
のではなく、こちらに耳を傾けてもらいましょう。

✖ 言い訳しない

◯ そう言いたかったんだね

　男の子なりにいろいろなことを言いたいのです。お母さん
には言い訳に聞こえるかもしれないですが。だからまず話を
聞いてあげてください。その想いを受け止め、共感する姿勢
を見せてあげてください。

✖ 怖いの

⭕ 勇気がいるね

怖いんです。いろいろと。結構臆病なんですよ、男の子は。けれどそれを認めづらいんです。だからダイレクトに言うのではなく、勇気が持てる言い方をしてください。男の子はそれだけで頑張れます。

✖ お兄ちゃんでしょ

⭕ 下の子にやさしくできる？

お兄ちゃんであることは事実なんですが、✖の言い方には「しっかりしなさい」「兄らしく振る舞いなさい」というメッセージが込められています。その部分だけを強調され続けると、兄をやめたくなります。時々にしてあげてください。

✖ 弟でしょ

⭕ 上の子にやさしくできる？

先の言い方とは反対に「弟だから我慢しなさい」「弟らしくしなさい」ということですね。好きで弟に生まれたわけではないですよね。個人よりポジションが強調されがちです。⭕のフレーズのように個人の良さを見つけてあげましょう。

✖ 男のくせに

◯ それちょっと苦手だね

　×は男の子のプライドを木っ端みじんにする言葉です。男の子はプライドが高い生き物です。「男のくせに」はその根底を揺るがします。これはずるいです。それならまだ弱点を柔らかく指摘してあげる方が次につながります。

✖ 負けてるよ

◯ 自分との勝負

　男の子のプライドを攻める言葉です。「誰かに負けることは屈辱」という価値観から早く降ろしてあげましょう。他人との戦いは終わりがないですし、成長がありません。自分との戦いこそが、成長につながります。

✖ 女の子みたい

◯ 苦手なこともあるよね

　社会から「男らしく」というメッセージを与え続けられている男の子に、この言い方は辛いはず。男らしくなければならないということではなく、苦手なことやできないことを、認めることもひとつの強さでしょう。

第 7 章

楽しく好奇心を伸ばす
「遊びフレーズ」

男の子は
こんな人を求めている

　男の子の好きな人はどんな人でしょうか。男の子が好きな人は、次の3つのタイプの人です。

　①快を与えてくれる人
　②安定を与えてくれる人
　③遊んでくれる人

　ひとつずつ見てみましょう。

①快を与えてくれる人

　男の子が一番好きになる人は、「快を与えてくれる人」です。男の子は、自分を気持ちよくしてくれる人を好きになります。ここでの「気持ちよさ」とは「生活の基本を作ってくれる人」という意味です。

　具体的には**「不快を取り除いてくれる人」**です。子どもは幼い存在です。自分ひとりの力では生きていけません。生きるために一生懸命、全身全霊を傾け、活動をします。その大きな表現が「泣く」ということです。つまり、泣くという行為は生きるために必要な、不快感を伝える行動なのです。

赤ちゃんを例に考えると、わかりやすいですね。赤ちゃん
が泣くのは基本的に次の3つの理由からです。

◆眠い
◆お腹すいた
◆気持ち悪い

　これらはすべて生きていくために必要なことを求め、ある
いは嫌がり、泣くのです。それらをお母さんや周りの大人が
受け止め、対応をして、赤ちゃんは生きられます。つまり、
人の感情のスタートは「不快」であり、それを周りに訴え、
そのことをきちんと受け止めて対応することで、関係性がで

きてくるのです。

　だから基本的に「不快を取り除き、快を与えてくれる人」を男の子は好きになります。それは多くの場合、母乳を与えるお母さんなのです。男の子、おっぱい好きでしょ！　お父さんも好きです。おっぱいは「快」の象徴であり、男の子にとって生きていくために絶対に必要なものです。子どもと仲良くなるためには、まず生活をきちんと整え「食べる、寝る、気持ちよく過ごす」といったことを意識しましょう。これはケアの視点と言えます。すべての基本がここにあります。

②安定を与えてくれる人

　男の子にとっての安定とは「いつもと同じ」ということです。自分の思い通りにこの世の中が進み、また自分の思い描くように人が対応してくれることで、一番安定するのです。その中では自分が中心になれるからです。

　男の子はいつも同じものを求めてきます。同じ絵本、DVD、遊び、服や持ち物、通る道や過ごす方法、自分だけのルールやこだわりなど。これらは、すべて自分の思い通りに生活をしたいという想いの表れなのです。それが安心であり、自分なりの見通しにつながるのです。

　だから、その思い通りの生活や出来事、ルールを大切にしてあげましょう。必ずしも自分の想いが叶うなんてことはないのですが、もしお母さんの対応で息子の思い通りになるのであれば、そこはできるだけしてあげてください。そしてそ

のやり方をしばらく続けてください。やがて男の子は安定します。その安定をベースに、次のことにチャレンジしたり、また違うことに少しだけ踏み出したりします。まずはいつもと同じことのくり返しから、安定が生まれます。

③遊んでくれる人

そして最後がやはり「遊んでくれる人」です。これは先ほどの安定から考えると「変化を与えてくれる人」とも言えるでしょう。もちろん、変化のベースにあるのは安定です。その安定がある中で、男の子は少しずつ変化や挑戦を求めます。それこそが「遊び」だと言えます。

男の子は遊んでくれる人が大好きです。自分自身が遊びでできているようなものですからね。その遊びをしっかりと実感でき、楽しく関わってくれる人を好きになります。お母さん、息子としっかりと遊びましょう。

お母さんは
男の子の「師匠」になろう

　その「遊び」なのですが、単に一緒に遊ぶだけでは、そのうち飽きられてしまいます。

　お母さんからよく受ける相談事に「男の子となにをして遊んだらいいかわからない」「女の子の遊びはわかりますが、男の子の遊びがわかりません」といった悩みがあります。これ、僕もよくわかります。男3兄弟の中で育った僕は、保育士時代「女の子の遊び」が全くわからず苦労しましたからね。

　男の子はどんな遊びが好きなんでしょうか。これは難しくもあり、簡単な問いでもあります。「男の子」と一言で言っても、その個性や育ち、性格や志向は1人ひとり異なっており、絶対にこれが好きとか、これさえあれば大丈夫！　というものは存在しません。だから、まずは自分の息子の性格や志向などを、お母さんがしっかりと見出してあげ、それに合わせたものや環境、遊びを用意してあげることが大切です。

　それを前提とした上で、男の子の多くが好きな傾向にあるものや、取り掛かりやすいものもあるのは事実です。それらをうまく活用していくこともよいでしょう。

男の子は「共感」が好きです。**共感とは「僕と同じことを
考えたり、感じてくれたりする感性」**ということです。息子
の仲の良いお友達を見ていると、結構似ている感じのお友達
が集まっていませんか。同じ感覚、感性の中で「共感」して
遊んでいるのです。「僕のことよくわかってくれている」「以
心伝心」などという感じです。

　よく男の子2人が突然なにかわけのわからない言葉を喋っ
たり、踊ったりすることがあります。そのあとは、お互い目
を合わせて「ぎゃっはっはっはっ！」とか言って大笑いして
いませんか？　あれですよ、あれ。まさに言葉を超えた心の
つながり、「共感」です。そう思うと、男の子と共感して遊
ぶのはなかなかレベルが高いですよ。

　単に一緒に遊ぶだけなら「共同」です。この「一緒」とい
う感覚や行動が、遊び感覚のスタートだと言えます。共同も
とても大切です。

　ただし、単に場の共有や行動が一緒なだけでは、最初は良
いのですが、途中で場がしらけたり、盛り下がったり、長く
集中して遊べません。お母さんの気持ちがついてきていない
からです。男の子と遊ぶとわかるのですが、相手の本気にど
こまでお母さんのテンションを付き合わせればよいのかが、
わからなくなってきます。あんまり本気になり過ぎても大人
気ないし、また形だけでも男の子は乗ってこないし。その加
減が難しいのです。「たかが遊び、されど遊び」といったと
ころでしょうか。

第6章でもお伝えしましたが、「遊び」には「楽しむ・遊興」などのほかに、「余裕・隙間」という意味があります。男の子と遊ぼうとしているお母さんには、この「余裕」がありません。必死になったり、無理やりだったり、変にテンションが高かったりしています。それも遊びのひとつとしては良いのですが、長く、深くは遊べません。

　お母さん自身、男の子と遊ぶときには「余裕」を持ちましょう。気持ちは「お師匠さん」になるという感覚です。「なんでもわかってるけど、今はあえて抑えているのよー」というちょっと余裕のある感じです。いいでしょう、この感覚。

男の子は変化が大の苦手

　遊びだけでなく、男の子はここ一番のときにふざけます。「今は絶対にちゃんとしないといけないときでしょ！」というときにかぎって、ふにゃふにゃになったり、泣き出したり、わめいたり、パンツを脱いだりします。普段はあんなに元気に大声を出しているのに、突然あいさつができなくなったり、お母さんの陰に隠れたりします。普段とはあまりに違う姿に、驚いたり、恥ずかしかったり、また情けなくなったりします。

　教え子の結婚式に出席したときの話です。

　教会での式の途中で、新郎新婦に指輪を渡しに行く大役を３歳ぐらいの男の子が任されていました。あとで聞くと、練習のときはバッチリだったようですが、いざ本番になり、沢山の人の前で本人は怖気（おじけ）づいたというか、変なテンションになってしまいました。一歩も前に歩き出せず、周りの励ましの声にますます意固地になり、座り出し、最後はお母さんに抱きかかえられながら、新郎新婦に指輪の入った箱を投げ出していました。本人もどうしたらよいのかわからなくなったのでしょうね。

男の子はこのような場面の変化、転換が苦手です。常に自分のペースで物事を進めたいのです。チョーわがままなんです。見通しの持てないものやどうなるのかがわからないことに対して、過度に嫌がったり、恐れたりします。

　その場面の変化や転換が起きそうなときに、男の子が取る方法が２つあります。

　ひとつは徹底的にそれに関わらない、あるいは頑なに受け入れないという「拒否」です。時として男の子は驚くほど頑固であったりしませんか。嫌いなものは絶対に食べないし、嫌なことは絶対にしない、その近くにも寄っていかないなどです。これはとてもわかりやすく、そのことに対して自分がどうしていいかわからない、勝てない、うまくいかないことがわかっているので、最初から拒否・無視をして、自分が傷つかないようにしているのです。お父さんもこの傾向がないですか？　男性は女性に比べてこの傾向が強い気がします。

　そしてもうひとつが「ふざける」「変なことをしてごまかす」という戦略です。これは場面の変化・転換の苦手な男の子の、最後の抵抗だと思います。

　たとえばお母さんが、息子に真剣に怒っている場面などはまさにそうです。一応神妙な顔をしてはいるのですが、少しでも隙があれば、お母さんを笑わせようとしたり、ふざけてまた怒られたりします。しかしこれも彼らなりの高等戦略なのです。変化が起きないように、自分たちがふざけることで

どうにか阻止しようとしています。その変化の先にある、緊張感に耐えることができないのです。すぐに「おならプー」と言ったり、服を脱いだり、パンツを脱いだりするのも一緒です。ふざけることで、その場の空気を自分の方に寄せて、緊張の緩和をねらっていたり、また自分の予想できない雰囲気を避けているのです。

　そう思うと、少しだけですが意地らしくなりませんか。意外に小心者のかわいい性格なんです。たとえばお化けをめちゃくちゃ怖がったりするでしょう？　それと一緒です。

乱暴者の息子には、ほかの 方法を根気強く教えよう

　男の子は乱暴者です。振る舞いが荒々しいですし、ガサツ です。もう少し丁寧にものを扱えばいいのですが、その１つ ひとつの動作が激しいのです。動きや声も無意味に大きいで す。そこまでしなくてもいいのに、その手前でやめておけば よいものを止めることができません。とても残念な生き物で す。常に自己アピールをして、みんなの注目を集め、特に大 好きなお母さんに見続けてもらいたいのです。

　家の中にちょっとしたストーカーがいると思えば、わかり やすいのではないでしょうか。「どこに行くのにもいつも一 緒、ずーっと僕のことを見ていてほしい、テレビもダメ、弟 や妹もダメ、お父さんもダメ、僕だけのお母さんでいてくだ さい」という感じなのでしょうね。これ自体はとてもうれし いですし、子どもに愛されている感覚は幸せなものです。

　ただし、ほどほどであれば、ですね。激し過ぎる愛は、時 として鬱陶しかったり、面倒くさかったりしますからね。し かしこれほどひとりの男性に愛される経験もなかなかできな いものではないでしょうか。その大き過ぎる愛を受け止めて

あげてください。

　そのような極端に大げさな行動や想いは、時としてほかの
ものに向かいます。それが「暴力」という形に表れることが
あります。これ、本当に困りますよね。ただし、それにも男
の子なりの意味があります。

　暴力やキレるという行為は、自分で自分をコントロールで
きていないということです。もう少し大きな視点でとらえる
と「自分ではどうしていいかわからない」といったメッセー
ジでもあります。コミュニケーションがうまく取れなくて、
どうすればいいかわからない、だから叩いたり怒ったりして、
自分の想いや苦しさを周りに伝えているのです。

　お母さんからすれば、暴力は決して正しいやり方や伝え方
ではありません。しかしそのことを責める前に、そのような
気持ちや感情の中にいる男の子の気持ちも、少し察してあげ
てほしいのです。

　「暴力は絶対にダメ！」これはもちろんそうですし、社会
の中で当然そのことは教え、身につけてもらわなければいけ
ません。

　しかし、そのことを学ぶ過程において、暴力を振るわない
と伝えられない気持ちを無理やりに周りが抑え込んでしまう
ことも、また考え直す必要があります。暴力を肯定はしませ
んが、**自分の中のどうしようもない感情の表出という視点は、
男の子と付き合うときにお母さんが持っていてほしいものの
ひとつです。**

それでは、その行為をどのようにコントロールしていくのか。暴力はひとつの感情の表現ととらえるとわかりやすいです。つまり、暴力よりもっと効果的に自分の想いを表現できる、周りがわかってくれる方法を男の子が理解して身につければよいのです。

　そのためにも、男の子の気持ちに敏感になり、その想いを暴力になる前にうまく感じてあげましょう。時にはそれを「代弁」したり、「説明」したりしてあげましょう。

　その上で、暴力より使いやすいものを提示します。それは「言葉」や「依頼」「順番」「我慢」などです。いろいろな方法があるので、どれが良いということはありませんが、何度もくり返し、そして少しずつ男の子自身が「他人への攻撃」以外のものを取り入れて、うまく使えるようにしてあげてほしいと思います。

❶ "敏腕マネージャー" 気分でコントロールする

　大人は、基本的に物事や生活を自分で進めることができます。時間の見通しや配分など、これまでの生活・経験をベースにして、ある程度自分の感覚で進めたり、対応したりできます。家事を考えるとわかりやすいでしょう。洗濯機を回しながら、料理をしたり、また料理でも煮物をしている間にサラダの準備を進めたりできます。物事の順序や取り掛かり、手配や段取りができるのは、それらの見通しや手順が自分の中でなんとなく出来上がっており、それらをうまく組み合わせられるからです。

　まだ幼い男の子は、これができません。当然です。まだまだ人生経験が浅く、見通しや順序立てができていないのです。
　同時に自分の気持ちのコントロールもできません。「遊ぶ」と決めたら一直線です。それ以外のことが目にも、意識にも入りません。当然、時間の感覚や次の予定、段取りもありません。だからここは無理にそれを覚えさせたり、意識させたりするのではなく、もう少し大きくなるまでお母さんが調整してあげてほしいと思います。腕の良いマネージャーのイメージです。

「はい！　あと３分で腕立て伏せ終わります。ラスト頑張ってくださーい！」

こんな感じですね。なにかに夢中になっている男の子に、突然の行動の変化や次への準備は基本できません。だからそれが必要なのであれば、敏腕マネージャーであるお母さんがそれを意識して、先にうまく伝え、行動や意識に区切りをつけるのです。

「あと○回したら、行こうね」「ここまで作ったらおしまいよ」という感じですね。

❷ 空想の世界から引き離そうとしない

息子は常に"見えない敵"と戦っていないですか？　突然ジャンプしたり、ポーズを決めたりして、お母さんが息子に不安を覚える瞬間ですね。

けれど、大丈夫です。彼らにはちゃんと見えています。僕も幼い頃、見えていました。怪獣や悪者が。お母さんもその昔、魔法使いになったりして、空を飛ぼうとしたり、変身しようとしたりしていませんでしたか？

子どもの本質のひとつに「ドリーマー」という特徴があります。自分の考える空想の世界と現実のリアルな世界が、混ぜこぜになってしまうのです。これは決して特別なことではありません。大人になると、リアルな世界だけしか見えなくなってしまいますね。子どものこの「空想の世界」はとても素敵なことであり、また子どもという存在を輝かせてくれま

す。なぜなら子どもたちがあまりにリアルな世界で生きていたら、どう思いますか？

「お母さん、今日は紙パンツを５枚も使わせてしまったね。予算大丈夫？」

「ピーマンとニンジン残したけど、今週のカロリー、クリアしてる？」

こんな会話を息子としたくはないですねー。

空想の世界観を持ち、そこで遊べることは、男の子たちの特権です。大人から見ると、全く訳のわからない行動や言葉も、彼らなりに大きな意味や想いがあります。そんなに長くは続かないはずです。その空想で遊ぶことをぜひ認めてあげて、取り上げないでほしいです。

❸ 男の子の芸にはとことん付き合う

男の子ってしつこくないですか？　同じことを何度もくり返ししますし、お母さんに求めてきます。同じビデオをくり返し見ますし、絵本も同じものを延々と読まされ続けます。これ、結構辛くて、時として拷問のようですね。絵本地獄の始まりです。

自分のしたことで周りが笑ってくれたりすると、過度に調子に乗って、何度も続けます。それだけではなく、そのことに対するリアクションや笑いも、同じように求め続けます。ちょっと気を抜いたり、反応が薄かったりすると「ちゃんと見てて」「おもしろいでしょー」と、強迫的に笑いを求めて

きます。ひどい芸人です。

　こんなときは大変だと思いますが、ぜひお付き合いしてあげてください。男の子は自分に自信がないのです。だから過去の自分の栄光に浸るのです。「周りに受けていた、称賛を得ていた自分」にいつまでもすがりつきたいのです。
　「俺ってすごい！」「みんなが僕を認めてくれている！」こんな感覚です。
　これらを「自尊感情」と呼びます。そこで自信を持てたなら、次のステージに進みますので、もう少しだけ気持ちよくさせてあげてください。

遊びフレーズ

「いつまでも遊んでいる」「片付けない」など、遊びの悩みも言葉かけで解決できます。お母さん目線から男の子目線に変えた言葉で行動を促しましょう。

▼

✕ いつまで遊んでるの

○ 何時までにする？

　夢中で遊んでいる男の子に時間の感覚はありません。周りがメリハリや区切りをつけてあげることが必要です。できれば男の子が自分で納得できる方法で対応をしてください。次につながります。

✕ 遊ばないの

○ 今、○○するときよ

　男の子は生活のすべてが遊びです。「遊ばないの」と言うのは「死ね」と言うのと一緒です。だからそこは否定せずに、少し目線を変えてあげたり、気づきを与えてあげたりしてほしいです。遊びはすべての根源です。

✕ なんでそんなことしたの

◯ それがしたかったんだねー

　男の子がすること、遊ぶことに理由などありません。頭で考えないで体が勝手に動くのです。その理由を尋ねられても答えられません。フリーズするだけです。共感する姿勢を持って接しましょう。

✕ 今は遊ぶときじゃない

◯ 今すること、教えて？

　否定ではなく、気づきを与えましょう。なにをするときなのかわかっていない男の子を叱っても、反省も行動の変化も起きません。テンションを少し下げてもらい、気づいてもらうためにも、質問で気づきを与えましょう。

✕ 貸してあげなさい

◯ これで遊びたかったんだね

　おもちゃを友達に貸してあげられるのは良いことですが、男の子自身の想いを無理に抑える必要はありません。まずは男の子の気持ちや想いを受け止めてあげてから、次の行動を考えましょう。

✖ 我慢しなさい

◯ これがしたいんだね

　我慢できるものなら、していることでしょう。それができないんです。「衝動性」は男の子の大きな特徴です。だから止めるよりも男の子の気持ちに寄り添い、理解してあげてください。その上で交渉しましょう。

✖ 片付けなさい

◯ キレイにしよう

　男の子はそもそも「片付ける」という意味がよくわかりません。美的センスのズレを感じますね。整理して「キレイ」という状態をくり返し伝えることで、生活に根付きます。その意識を育てましょう。

✖ 投げないの

◯ 投げていいのはボールだけ

　禁止する言葉を伝えるコツは、ダメなことだけを言うのではなく、代替や一部の許可をすることです。「ものは投げてはダメだけどボールはいいよ！」とボール遊びにつなげましょう。禁止ばかりの生活はしんどく感じますよね。

✖ 丁寧に

⭕ 自分のしたいようにしてごらん

　男の子の行動に、必要以上の期待や願いを込めない方がいいでしょう。それは裏切られます。それなら最初からあきらめて、思い切って任せてしまいましょう。意外と頑張ることも、時々あります。それも成長です。

✖ 走らない

⭕ 走ると危ないよ

　禁止の言葉を使うときには、ダメな理由を伝えることがポイントです。なぜそれがダメなのか、それをしたらどうなるのかを少し伝えることで、行動は大きく変化します。

✖ 一緒に使いなさい

⭕ 交代で使えるかな？

　男の子はなんでも自分で使いたがります。友達と「一緒」は苦手です。だから時間、場所、機会、回数を少なくしても自分だけのものとしてあげてください。不要なトラブルを避けられ、落ち着いて遊ぶことができます。

✖ 声が小さいよ

◯ 聞こえるように教えてくれる？

お母さんが送るメッセージは、ついつい否定的になりがちです。同じ意味であっても、肯定的な言葉にしてください。このとき男の子に近づき、耳を寄せてあげてください。きっと話をしてくれます。言葉と行動の両方を使いましょう。

✖ 一生懸命しなさい

◯ 力いっぱいしてごらん

大人が普段使っている言葉は、男の子には理解が難しいです。「一生懸命」もよく耳にする言葉ですが、その意味を説明できますか。男の子目線で言葉を使いましょう。自分の体に力を入れる感覚は、実体験をともなっています。

✖ ふざけない

◯ 楽しくやろう

男の子はふざけます。存在自体がふざけています。それを制止はできないので、対極に位置してその状態を思いっきり楽しみましょう。お母さんの気持ちの持ち方ひとつで、男の子は大きく変化します。

✕ ルールを守りなさい

◯ ルールわかるかな

　ルールを守る前提には、「ルールの理解」があります。よく見ていてください。男の子はルールがわかっていません。だから単に守らせることに集中せずに、わかっているかという根底の確認からスタートします。

✕ また今度

◯ 今日はおしまい

　「また今度」は未来に期待を持たせますが、本当にその「今度」はきますか？　それが確約できないのであれば、気持ちの切り替えをしっかりさせてあげるのも大切です。いい加減な約束自体が男の子を傷つけます。

✕ あとでね

◯ ○○が終わったらね

　「あと」は一体どれぐらいあとのことですか。今日中でしょうか？　都合よく先延ばししていませんか？　より具体的にさし示すことで、男の子は見通しが持てるようになります。心に区切りをつけてあげましょう。

✕ 遊び過ぎ

○ いっぱい遊べたね

　おふざけが過ぎる、遊んでばかりいるときに使いたくなりますが、それこそが男の子の本質です。積極的に受け止めてあげましょう。共感してあげて納得した方が次の行動に移れたり、指示を受け入れたりしやすいですよ。

✕ そんな言葉使わないの！

○ お母さんは悲しいわ

　言葉遣いや行動を否定するのは簡単ですが、その後の行動に変化は起きにくくなります。それより男の子の大好きなお母さんを、悲しませたということの方がインパクトは大です。お母さんの気持ちをダイレクトに伝えましょう。

✕ 外でやりなさい

○ 一緒に遊ぼう

　家の中で激しく遊ぶのを止めるのであれば、外に一緒に連れ出して、お母さんも思いっきり遊びましょう。お母さんと男の子の両方にとってストレス解消になります。時には率先して遊びに連れていってあげてください。

第7章

おわりに

　男の子への言葉かけ、どうでしたか。

　本書であげた多くの言葉を、普段お母さんも使っていると思います。言葉はその人の想いや価値観を映す鏡です。言葉だけがすべてではありませんが、言葉による関わりは、親子の関係性を大きく作り上げます。と言っても、お母さんが息子に発する言葉すべてを意識して、コントロールするのはとても難しいです。言葉はついついその人の口をついて出てくるものですから。また、一度発した言葉は、訂正も取り消しもできません。

　だから言葉を使うお母さんの想いや気持ちを、普段から整えておいてほしいと思います。そのためには自分の気持ちを大切にしながらも、男の子の理解やその特性に関心を持つことが必要だと思います。そのような関係性の中において、良き言葉を使うことができるのです。

　本書であげた言葉かけの多くは、特別な言葉ではないと思います。普段使いの当たり前のフレーズや言い方です。子育ては決して特別なことではなく、古来より人の営みの中心に据えられてきたものです。その中で言葉は特に大切に使われてきたものであり、また親から子へと脈々と受け継がれてきたのです。当たり前のことですが、日本の家庭で育った子どもは、当たり前のように日本語を話します。イギリスなら英

語、中国なら中国語を話します。あれだけ英語を学んできましたが、多くの日本人は英語が苦手のようです。そう考えると、言葉を獲得し使うことは、単に学習すればできることではなく、言葉と同時にその言葉に秘められている文化や社会を、丸ごと受け止めることで可能となります。言葉は自分を作り上げていくツールとなるのです。

そのように考えると、お母さんが息子を育てていくときに使う言葉は、やはり男の子を作り上げていくとても大切なもののひとつだと言えるでしょう。

だからその言葉を大切にして、またその言葉を使うときの価値観や想いを、もう少しだけ意識して言い換えたり、丁寧に使ったりしてみましょう。それにより良好な親子関係ができ、またお母さんの想いをうまく伝えることができるようになると思います。お子さんと一緒に、素敵な子育てができることを期待しています。

小崎恭弘

付録

....

言い換えフレーズ一覧

シチュエーション別
フレーズ集

本書で紹介したフレーズを一部抜粋し、さらに知っておきたいフレーズとともにまとめました。矢印の左側がNGな言い方、右側がOKな言い方です。ぜひ、男の子とのコミュニケーションにご活用ください。

▼

叱るとき

こら！　　　　　➡　あっ！

「こら！」は否定が前面に押し出されている言葉です。この言葉は強い押し出し方で恫喝的な意味合いを持っています。そうではなく、驚きや発見という柔らかな感覚を言葉に込めてみましょう。

静かに　　　　　➡　お話聞いてくれる？

息子の行動や言葉を一切制止する一方的な命令形に対して、「お願い」という形に変えます。主導権を息子に託し、信頼を感じさせる言葉です。

叩かない　　　　　➡　どうしたの？

言葉がうまく使えない男の子は、行動で自分の想いを伝えようとします。それが時には暴力になってしまいます。その背景にある気持ちに気づき、気持ちや想いをお母さんが代弁していきましょう。

すごいね ➡ ○○が良かったよ

なにが「すごい」のかがわかりづらく、子どもにとっては抽象度が高過ぎます。もう少し具体的にほめてあげてほしいものです。なんでもかんでも「すごいね」で終わらせないように心がけましょう。

100点取ってえらいね ➡ 勉強頑張っていたからねー

結果だけに目を奪われないでください。100点より上はないですが、努力や取り組みの姿勢といった意欲やプロセスに限界はありません。その点をほめましょう。さらなる向上が期待できますよ。

やればできるじゃない ➡ できると思ってたよ

良かれと思って言っていても、NGの言い方には嫌味な視点が加味されています。後出しジャンケン的な感覚です。肯定的に「あなたのことを信用していたよ」と伝えましょう。

早く寝て ➡ 一緒に寝ようか

「早く」というフレーズは、大人の都合が優先されるときに使われることが多いです。時々は余裕を持って「一緒にする」「ゆっくりする」などの視点や言葉を使ってあげてほしいです。

好き嫌いしない ➡ どれが美味しいかな？

「好き嫌いしない」っておもしろい言葉です。嫌いなものだけでなく、好きなものもダメってことですか？　食事は本来楽しいことです。楽しい時間にできるような言葉かけを心がけたいですね。

付録

| 鬼がくるよ | ➡ | お母さんは それはやめてほしい |

なにか別のものを使って男の子を脅す言い方「おばけがくるよ」「お父さんに言っちゃお」などは、虎の威を借る狐状態です。お母さん自身の想いや言葉で伝えてください。それが効果的です。

| 急ぎなさい | ➡ | 自分でできる？ 手伝おうか？ |

お母さんと息子のペースはスポーツカーと三輪車ぐらい違います。三輪車がスポーツカーについていくのは無理です。速い方が遅い方に合わせるのが、合理的です。慌てさせるのは逆効果です。

| 勉強しなさい | ➡ | いろいろなことが わかるよ |

勉強は本来楽しいものです。自分が今まで知らなかったことを知り、わからなかったことがわかるのですから。そのような知的好奇心に働きかけをして、勉強本来の意味を伝えてほしいと思います。

| ご飯で遊ぶなら 食べなくていいよ | ➡ | ご飯は遊ぶものじゃない |

左側は脅しの言葉です。本当に食べないと叱られますからね。許可と命令の二重の意味があり、「食べなくてはいけない」という裏の意味を読み取らなければなりません。素直な言葉で伝えましょう。

やる気を出させたいとき

| 恥ずかしい | ➡ | かっこ悪くない？ |

「恥ずかしい」のは誰でしょうか？　お母さんが恥ずかしいと思うのであれば、それは息子には通じませんね。本人はなんとも思っていません。男の子は見た目を気にします。そこを指摘しましょう。

そんなこともできないの　➡　おしいねー、
　　　　　　　　　　　　　　　　もうちょっと

お母さんの求めるレベルと、男の子が実際にできることのレベルは違います。
もちろん、お母さんが求めるものの方が高度です。お母さんが求めるレベル
を下げましょう。

・・・

口答えしない　➡　お母さんのお話聞いて

「口答えしない」と言われると、なにひとつ言えなくなってしまいます。目の
前でシャッターを降ろされるイメージですね。相手を抑え込むのではなく、こ
ちらに耳を傾けてもらいましょう。

・・・

言い訳しない　➡　そう言いたかったんだね

男の子なりにいろいろなことを言いたいのです。お母さんには言い訳に聞こ
えるかもしれませんが。まず話を聞いてあげてください。その想いを受け止
め、共感する姿勢を見せてください。

・・・

お兄ちゃんでしょ　➡　下の子に
　　　　　　　　　　　　　　やさしくできる？

お兄ちゃんなのは事実ですが、左側の言い方には「兄らしく振る舞いなさ
い」というメッセージが込められています。それを強調され続けると、兄を
やめたくなります。時々にしてあげてください。

・・・

遊んでいるのをやめてほしいとき

いつまで遊んでるの　➡　何時までにする？

夢中で遊んでいる男の子に時間の感覚はありません。周りがメリハリや区切
りをつけてあげることが大切です。できれば男の子が自分で納得できる方法
で対応をしてください。次につながります。

貸してあげなさい ➡ これで
遊びたかったんだね

おもちゃを友達に貸してあげられるのは良いことですが、男の子自身の想い
を無理に抑える必要はありません。まずは男の子の気持ちや想いを受け止
めてあげてから、次の行動を考えましょう。

片付けなさい ➡ キレイにしよう

男の子はそもそも「片付ける」という意味がよくわかりません。美的センス
のズレを感じますね。整理して「キレイ」という状態をくり返し伝えることで、
生活に根付きます。その意識を育てましょう。

投げないの ➡ 投げていいのは
ボールだけ

禁止する言葉を伝えるコツは、代替や一部の許可をすることです。「ものは
投げてはダメだけどボールはいいよ！」とボール遊びにつなげましょう。禁
止ばかりの生活はしんどく感じますよね。

走らない ➡ 走ると危ないよ

禁止の言葉を使うときには、ダメな理由を伝えることがポイントです。なぜそ
れがダメなのか、それをしたらどうなるのかを少し伝えることで、行動は大き
く変化します。

ふざけない ➡ 楽しくやろう

男の子はふざけます。存在自体がふざけています。それを制止はできない
ので、対極に位置してその状態を思いっきり楽しみましょう。お母さんの気
持ちの持ち方で、男の子は大きく変化します。

また今度 ➡ 今日はおしまい

「また今度」は未来に期待を持たせますが、「今度」はきますか？　それが確約できないのであれば、気持ちの切り替えをしっかりさせてあげるのも大切です。いい加減な約束自体が男の子を傷つけます。

あとでね ➡ ○○が終わったらね

「あと」はどれぐらいあとのことですか。今日中でしょうか？　都合よく先延ばししていませんか？　具体的にさし示すことで、男の子は見通しが持てるようになります。心に区切りをつけてあげましょう。

お願いするとき

○○してちょうだい ➡ ○○してくれる？

お願いをすることはこちらからの依頼なので、上から目線ではなく、あくまで男の子の意思の尊重を心がけましょう。

少し待ってなさい ➡ 少し待ってもらっていい？

意思の尊重のひとつのパターンは依頼をして、決定権を相手に委ねることです。聞くだけではなく、男の子の答えをしっかりと待ってあげてください。

それやめて ➡ やめてもらえる。○○だから。

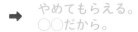

「やめて」だけで終わるのではなく、理由をつけることがポイントです。行動の制止だけではなく、その理由をつけることで納得感が高まります。

付録

お母さんが悪かった ➡ ごめんなさいね

謝るときはこちら側に、なにかしらの謝罪の気持ちがあるはずです。息子に対してもそこは素直に出していきたいですね。「悪かった」では、あまり謝罪の気持ちが感じられませんね。

許して ➡ 許してくれる？

許すか許さないかは相手が決めることなので、決して命令することやこちらの想いを押し付けるようなことはダメです。相手への謝罪と真摯さが求められます。息子にでも。

できません ➡ 今はできません

断ることがあるのは当然ですが「今は」という言葉を入れることで、次につながることや時間軸をずらしてお話しすることができます。またあとでね、という感覚です。

嫌です ➡ 手が離せないの

すべてを拒絶するのではなく、したい気持ちはあるけれど、できない状況を伝えることができます。行動と気持ちを区別して伝える良い言葉です。

はいはい ➡ そうね

イントネーションの問題かもしれませんが「はいはい」は冷たくも聞こえます。同じように思いますよ、という気持ちをより具体的に受け止める感覚です。

ふーん ➡ それはすごいねー

相槌の真意は「あなたに関心・興味があります」ということを伝えることです。しかし、反応するだけではその想いは伝わりにくいです。積極的な関心を持った態度が必要です。

諭すとき

わかった？ ➡ お話の意味がわかる？

理解を一方的に押し付けるのではなく、その都度確認したり息子がどれぐらいわかっているのかなどを理解しながら、お話を進めていきましょう。

言うことを聞きなさい ➡ そうしてくれると助かるわ

問答無用に従わせる言葉かけですね。これは諭してはいません。相手の気持ちを全く無視するのではなく、息子に変化が起きるような言葉かけが諭すことです。

「はい」と言いなさい ➡ どんな風に思ってる？

これは命令形であり、強制的な指示です。想いや気持ちは全く無視している形です。そうではなく、息子の気持ちや想いに合わせた、お話や内容を考えましょう。

支えるとき

心配しなくていいから ➡ 心配してくれているのね

息子なりに色々な不安や悩みを抱えています。それが時として色々な行動や想いとして表れます。親としても不安になりますが、すべて受け止める必要はありません。一緒に考えていきましょう。

付録

頑張れ　　　➡　頑張ろう

頑張っている人間に頑張れは、時に残酷な言葉です。もっと努力しなさい！と聞こえてしまう可能性もあります。そんなときは、あなたと一緒に私も頑張るという、メッセージを。

止めるとき

ダメ　　　➡　少し考えて

すべてを禁止したりやめさせてしまうのではなく、なにがダメだったのか、なにをやめなくてはいけないのかを息子サイドに任せてしまう言葉かけです。相手に対する信頼感がないとできません。

やめて　　　➡　これからどうなると思う？

今のことを制止するだけでなく、制止しないとこれからなにが起こるかを考えさせる未来志向の言葉かけです。視点のチェンジを求める形です。

息子がくじけそうなとき

泣かない　　　➡　泣いてもいいよ

男の子も泣いていいです。泣くことを否定するのではなく、まずは感情の解放を認めてから話を聞いてあげてほしいです。泣くことが問題ではなく、そのことで進めなくなることが問題なのですから。

あきらめないで　　　➡　一緒にしよう

挫けてあきらめてしまいたくなることは誰にでもあることです。そのときにひとりで頑張れないようでしたら、柔らかくサポートをしてあげる姿勢を見せてほしいです。共に頑張りましょう。

どうしてそんなこと
したの？

➡ なにが
一番したかったの？

どうしてしたのか理由などありません。したかったからしたんです。だから問い詰められても答えられません。順序や聞き方を工夫してゆっくりと考えていきましょう。

何度言ったらわかるの

➡ お母さんの言いたいこと
わかる？

何度言われてもわかりません。それがやめられるのであれば、怒られませんから。相手の想いやお母さんの気持ちに少しずつ気がつくように、根気強く声をかけていきましょう。

悲しいとき

もう嫌

➡ ……（なにも言わない）

悲しさを伝えるひとつの方法は沈黙です。なにも言わずに、ただ悲しさを伝えればよいのではないでしょうか？　沈黙が雄弁に感情を伝えてくれます。いつもとは違う雰囲気や態度を意識しましょう。

泣きたいわ

➡ 悲しい気持ちが
わかる？

泣きたいほどの悲しさや辛さをダイレクトに伝えるのは、とても難しいことだと思います。だから一緒にその悲しみをイメージしたり、考えたりできるようにしてあげてほしいと思います。

付録

小崎恭弘（こざき・やすひろ）

大阪教育大学健康安全教育系教育学部教員養成課程家政教育部門教授

西宮市役所初の男性保育士として採用される。市役所退職後、神戸常盤大学を経て現職。専門は「保育学」「児童福祉」「子育て支援」。3人の男の子の父親として育児休暇を3回取得。それらの体験をもとに「父親の育児支援」研究を始める。日本初の父親の自主支援団体 NPO 法人ファザーリング・ジャパンの設立に関わり、理事や副代表を務める。現在は顧問として全国の父親活動に携わる。兵庫県男女共同参画委員をはじめ兵庫県、大阪府、京都府などで各種委員を務める。また、東京大学発達保育実践政策学センター研究員として、全国の子育て家庭の調査を進めている。著書に『わが家の子育てパパしだい！──10 歳までのかかわり方』（旬報社）、『男の子の 本当に響く 叱り方ほめ方』（すばる舎）、『うちの息子ってヘンですか？ 男子育児のしんどさが解消される本』（SB クリエイティブ）などがある。

叱り方・ほめ方がわかる！
「男の子」の声かけ

2021 年 5 月 19 日　初版発行

著　者　小崎恭弘
発行者　野村直克
発行所　総合法令出版株式会社
　　　　〒 103-0001 東京都中央区日本橋小伝馬町 15-18
　　　　EDGE 小伝馬町ビル 9 階
　　　　電話　03-5623-5121
印刷・製本　中央精版印刷株式会社